Italien

1000 Fakten

über das Land, in dem Papst und Casanova zu Hause sind

Gabriela Scolik
Karin Dreher

Italien

1000 Fakten
über das Land, in dem Papst und Casanova zu Hause sind

BRUCKMANN

Inhalt

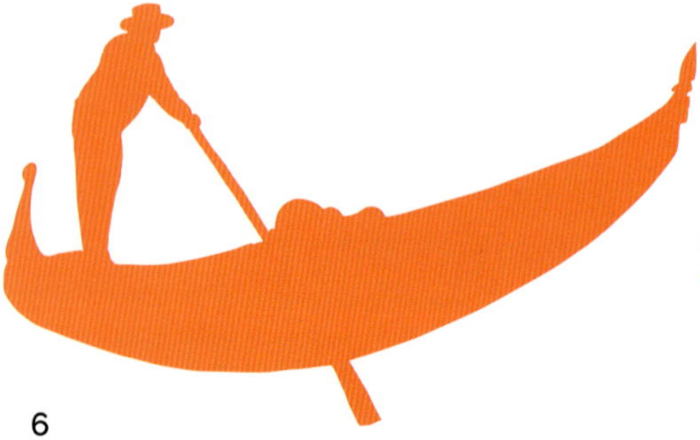

Benvenuti in Italia!

Wie gut kennen Sie Italien?

Was macht dieses Land, in dem die meisten Kulturgüter Europas stehen, so besonders?

Wussten Sie, dass San Marino die älteste Republik der Welt ist?

Dass die Italiener mit den Händen reden? Dass der Mailänder Dom die drittgrößte Kirche der Welt ist? Dass Verdi ein Akronym für das Risorgimento ist – Vittorio Emanuele Re D'Italia?

Das und vieles mehr finden Sie in diesem Buch – von Versace bis zur Biennale, von Michelangelo bis Adriano Celentano.

Stöbern Sie in diesem Buch und finden Sie heraus, welche Eigenarten die Italiener haben und was den Charme dieses Landes ausmacht.

Viel Spaß beim Entdecken dieses Landes!

REGIONEN

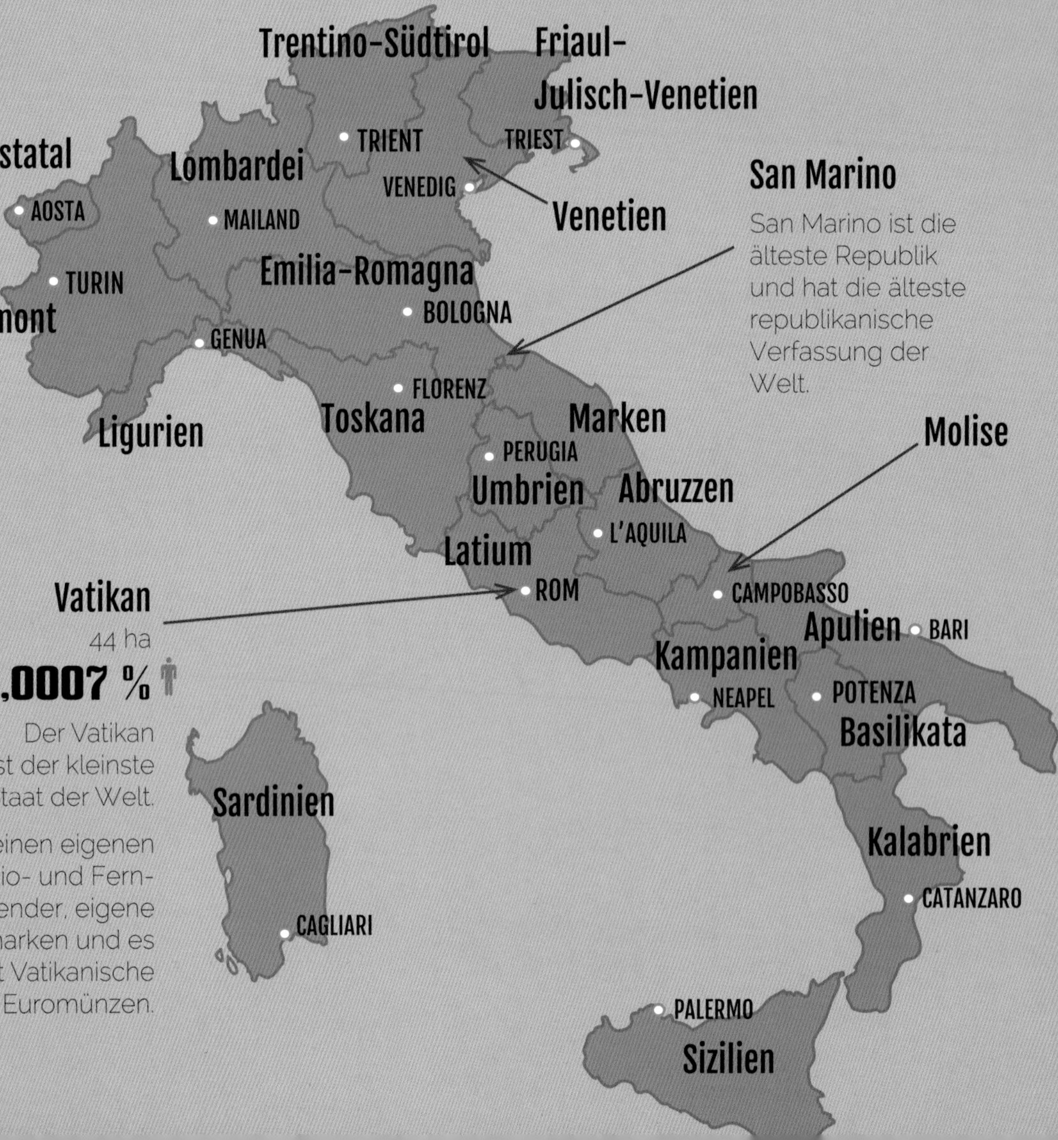

San Marino

San Marino ist die älteste Republik und hat die älteste republikanische Verfassung der Welt.

Molise

Vatikan

44 ha

0,0007 %

Der Vatikan ist der kleinste Staat der Welt.

Er hat einen eigenen Radio- und Fernsehsender, eigene Briefmarken und es gibt Vatikanische Euromünzen.

Abruzzen
10 763 km²
2,2%

Aostatal
3263 km²
0,2%

Apulien
3263 km²
6,8%

Basilikata
19 358 km²
1,0%

Emilia-Romagna
22 446 km²
2,0%

Friaul
7858 km²
2,0%

Kalabrien
15 081 km²
3,3%

Kampanien
13 590 km²
9,6%

Latium
17 236 km²
9,7%

Ligurien
5422 km²
2,7%

Lombardei
23 863 km²
16,3%

Marken
9366 km²
2,6%

Molise
4438 km²
0,5%

Piemont
25 402 km²
7,4%

San Marino
61,19 km²
0,05%

Sardinien
24 090 km²
2,8%

Sizilien
25 711 km²
8,4%

Toskana
22 994 km²
6,2%

Trentino-Südtirol
13 607 km²
1,7%

Umbrien
8 456 km²
1,5%

Venetien
18 399 km²
8,1%

Sprachen

Amtssprachen:
Italienisch
Italienisch und Latein im Vatikan

Regionale Amtssprachen:
Deutsch und Ladinisch in Trentino-Südtirol
Slowenisch in Friaul-Julisch Venetien
Französisch im Aostatal

BEGRÜSSUNG

Baci

Zuerst rechts, dann links
Der Kuss wird meist nur angedeutet und ist allgemein üblich.

Vorstellung

Piacere di conoscerti – Erfreut, dich kennenzulernen!
Piacere de conoscerla – Erfreut, Sie kennenzulernen!
Incantato – Sehr erfreut (umgangssprachlich)!

Telefon

Pronto – Hallo

Ciao
Hallo (informell)

Ciao a tutti
Hallo an eine Gruppe

Salve
Hallo

Buon giorno
Guten Tag (formell)

Buon pomeriggio
Guten Tag (nach dem Mittagessen)

Buona sera
Guten Abend

Buona notte
Gute Nacht

Come va?
Wie geht es dir?

Come stai?
Wie geht es dir?

Come sta?
Wie geht es Ihnen?

ABSCHIED

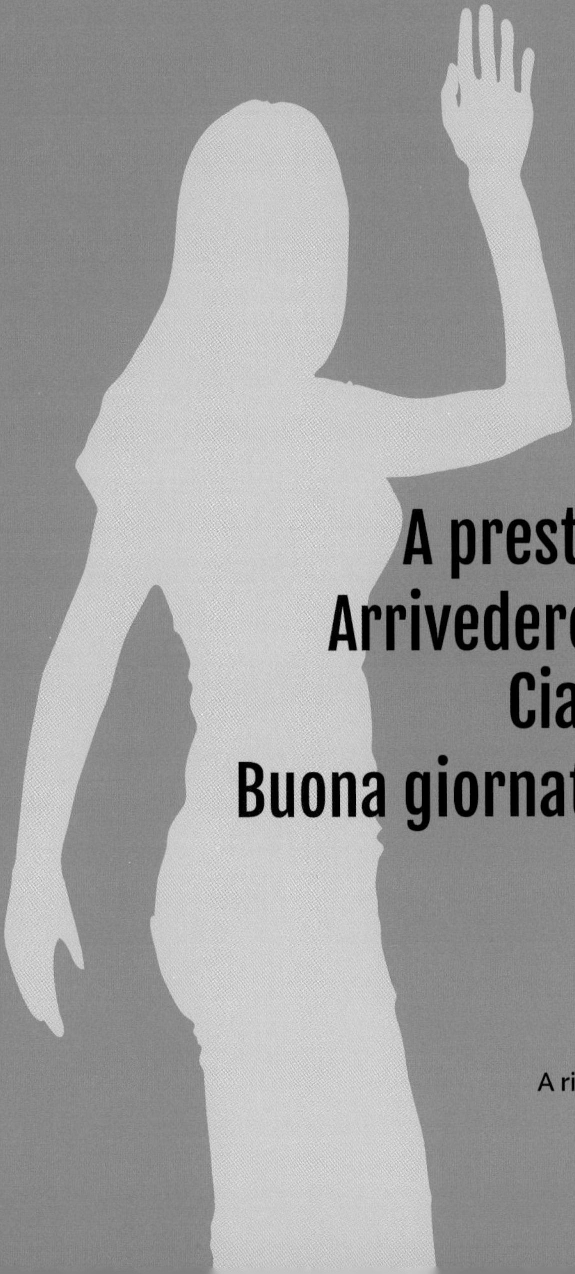

A presto – Auf bald
Arrivederci – Auf Wiedersehen
Ciao – Tschüss (informell)
Buona giornata – Einen schönen Tag

Telefon

A risentirci – Auf Wiederhören
Ciao – Tschüss (informell)

FEIERTAGE

Januar

1.

Neujahrstag
Capodanno

6.

Epiphanias
Epifania

März/April

Ostern

Ostersonntag
Pasqua

Ostermontag
Pasquetta

Als Osterdatum wurde im Jahre 325 auf dem Konzil von Nicäa der erste Sonntag nach dem ersten Vollmond im Frühling (Datum des Frühlingsvollmondes), der frühestens am 21. März stattfinden kann, festgelegt. Der früheste Ostersonntag fällt folglich auf den 22. März, der späteste auf den 25. April. Nach dem Datum des Osterfestes richten sich fast alle anderen beweglichen Feiertage im Kirchenjahr.

April

25.

Tag der
Befreiung

Anniversario
della Liberazione

Ende des Faschismus und der deutschen Besatzung 1945

Mai

1.

Tag der Arbeit
Festa del Lavoro

Pfingsten

Pfingstmontag
Lunedì di
Pentecoste

Ostersonntag + 50 Tage

Juni

2.

Tag der Republik
Festa della
Repubblica

Gründung der italienischen Republik 1946

August

15.

Mariä
Himmelfahrt
Assunzione di
Maria
(Ferragosto)

November

1.

Allerheiligen
Ognissanti

Dezember

8.

Mariä
Empfängnis
Immacolata
Concezione

25.

Weihnachten
Natale

26.

Stephanitag
Santo Stefano

VOLKSFESTE

TARENT Apulien

La Processione dei Misteri

Die Prozession der Mysterien

Diese Prozession ist bekannt für ihre Feierlichkeit und die Kostüme. **Karwoche**

NOLA Kampanien

Festa dei Gigli

Das Lilienfest

Türme mit allegorischen Darstellungen aus Pappmaschee werden während einer farbenprächtigen Kostüm-Prozession durch die Stadt getragen.

Sonntag nach dem 22. Juni

NOLI Ligurien

Regata Storica

Historische Regatta der ehemaligen Seerepubliken

2. Septemberwochenende

ROM Latium

Fiera dell'Epifania

Der Markt der Heiligen Drei Könige auf der Piazza Navona.

In der Nacht vor dem **6. Januar,** dem Tag der Heiligen Drei Könige, kommt in Italien traditionell die alte Hexe Befana, die den Kindern Süßigkeiten in die Socken steckt.

MAILAND Lombardei

Sant'Ambrogio

Fest zu Ehren des Stadtheiligen und Eröffnung der Saison der Mailänder Scala

7. Dezember

IVREA Piemont

Carnevale d'Ivrea

Karnevalsfeier mit berühmter Orangenschlacht

ASTI Piemont

Palio di San Secondo

Der Palio von San Secondo

Eine 700 Jahre alte Zeremonie, die jeden **3. Sonntag im September** stattfindet. Höhepunkte sind die Prozession in Trachten des 13. Jahrhunderts und die Fahnenschwinger.

SASSARI Sardinien

Cavalcata Sarda

traditionelles Reitfest

3. Maiwochenende

CAGLIARI Sardinien

Sagra di Sant'Efisio

Das Volksfest von Sant'Efisio

Mehrere tausend Pilger in historischen Trachten begleiten zu Fuß, auf Karren oder Pferden die Statue des Heiligen.

AGRIGENT Sizilien

Sagra del Mandorlo in Fiore

Fest des blühenden Mandelbaumes

erste Februarhälfte

Dieses internationale Ereignis ist geprägt von Folkloretänzen und Feuerwerksvorführungen.

SIENA Toscana

Palio di Siena

Historisches Pferderennen

2. Juli und 16. August

FLORENZ Toscana

Scoppio del Carro

Explosion des Osterkarrens

Ostern

Calcio Storico

Historisches Ballspiel in Kostümen des 16. Jahrhunderts. Die vier teilnehmenden Mannschaften repräsentieren die Stadtviertel von Florenz. Das Finale findet am **24. Juni** zu Ehren des Stadtheiligen San Giovanni statt.

AREZZO Toskana

Giostra del Saracino

Armbrustschießen gegen eine Sarazenenfigur

1. Sonntag im September

FOLIGNO Umbrien

Giostra della Qintana

Quintana-Turnier

Neuauslegung eines Ritterturniers in Trachten aus dem 17. Jahrhundert mit einer historischen Prozession am

2. Sonntag im September

GUBBIO Umbrien

Festa dei Ceri

Fest der Votivkerzen

Eine Prozession in typischen Trachten am **15. Mai.** Hölzerne Votivkerzen mit aufgesetzten Abbildungen der einheimischen Schutzheiligen werden durch die Stadt bis auf den Gipfel des Ingino-Berges getragen.

Palio dei Balestrieri

Der Palio der Armbrustschützen

Mittelalterlicher Schützen-Wettbewerb zwischen den Ortschaften Gubbio und Sansepolcro in traditionellen Trachten

Letzter Maisonntag

VENEDIG Veneto

Festa della Sensa

Vermählung Venedigs mit dem Meer im Markusbecken

Sonntag nach Himmelfahrt

Festa del Redentore

Erlöserfest

3. Wochenende im Juli

Regata Storica

Historische Regatta

1. Sonntag im September

Karneval in Venedig

Februar/März

Festa della Madonna della Salute

21. November

FLAGGE

Die **Bandiera d'Italia**, auch **Tricolore** genannt, entstand um 1800 nach dem Vorbild der französischen Trikolore. Die Farben sind genau vorgegeben:

Grün

steht für La Pianura,
die Ebene.

Pantone: 17-6153
CMYK: C:100 M:0 Y:100 K:0
RGB: R:0 G:146 B:70

Weiß

steht für die Gletscher
in den Alpen.

Pantone: 11-0601
CMYK: C:0 M:0 Y:0 K:005
RGB: R:241 G:242 B:241

Rot

steht für das in den
Unabhängigkeitskriegen
vergossene Blut

Pantone 18-1662
CMYK: C0 M100 Y100 K0
RGB: R206 G43 B55

WETTER UND KLIMA

Norditalien

Kühle Winter,
gelegentlich sogar Schnee,
lange, heiße Sommer,
hohe Luftfeuchtigkeit

Mittelitalien

Mittelmeer-Einfluss,
milde Winter,
trockene, heiße Sommer

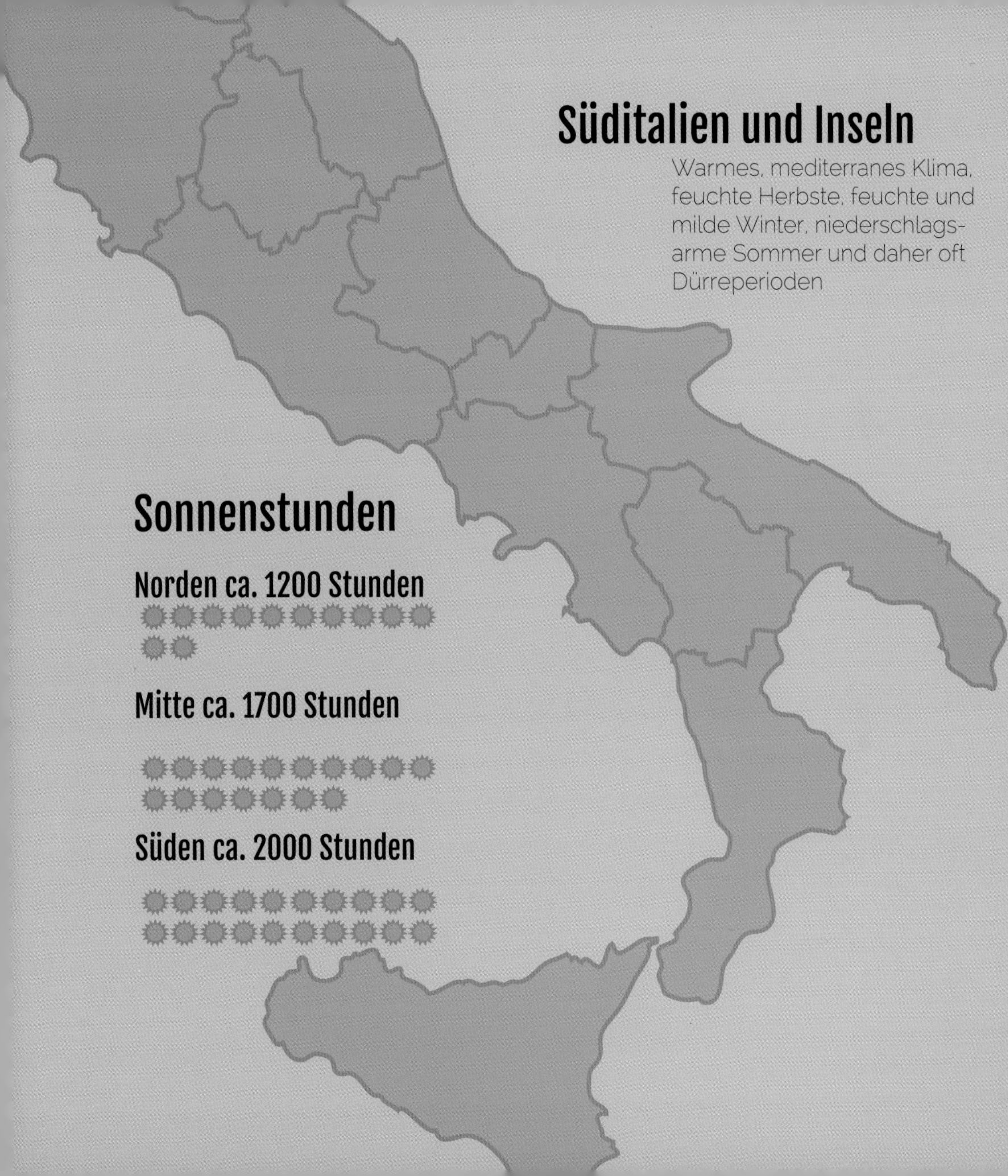

Süditalien und Inseln

Warmes, mediterranes Klima, feuchte Herbste, feuchte und milde Winter, niederschlags-arme Sommer und daher oft Dürreperioden

Sonnenstunden

Norden ca. 1200 Stunden

Mitte ca. 1700 Stunden

Süden ca. 2000 Stunden

MIT HÄNDEN REDEN

Was?
Was willst du?
Was redest du da?

Ich bitte dich!

Mano cornuta (gehörnte Hand):
Du wirst betrogen!

Ich hasse dich.
Ich kann dich nicht ausstehen.

Ich denke.

Wer weiß?

Es interessiert mich nicht.
Es ist mir egal.

Sie sind zusammen.

Raus hier!

Wasser trinken

Wein trinken

Espresso trinken

BARS

Es gibt **mehr als 150 000** Bars in Italien.

Die Bar ist der Treffpunkt der Italiener.
Die meisten Bars haben auch tagsüber geöffnet. Es gibt oft Tische im Freien.

Getränke am Tresen sind billiger als im Sitzen –
für einen schnellen Zwischenstopp.

Bars haben häufig ein
Hinterzimmer zum Kartenspielen.

Aperitivo oder Apericena
meist von **18 bis 20 Uhr**

Serviert werden Drinks wie Spritz
(Weißwein mit Campari oder Aperol) oder
ein Glas Wein und kleine Häppchen,
z. B. Pizzette, Focaccia, Oliven und kleine Antipasti, zum All-in-Preis.

Caffè

Caffè trinkt man zum Frühstück oder einfach zwischendurch.

Unter Caffè versteht man in Italien immer

Espresso.

Ombre e Cicchetti

In Venedig werden **Ombre (kleine Gläser Wein)** ausgeschenkt.

Ombra heißt eigentlich Schatten: Früher wurden die Gläser auf der Piazza ausgeschenkt – die Weinfässer mussten immer im Schatten stehen –, daher der Name.

Dazu gibt es Cicchetti – kleine Köstlichkeiten, die zum Wein gegessen werden, z. B. eingelegtes Gemüse, belegte Brötchen, Meeresfrüchte.

Panini

Italienisches Brötchen

mit Prosciutto, Schinken oder Sopressa oder mit Tomaten und Mozzarella belegt.

Tramezzini

Sandwiches aus Weißbrot

Tramezzini werden dreieckig geschnitten und ohne Rinde, in verschiedenen Varianten dick belegt serviert. Sie wurden

um 1920

im Café Mulassano in Turin erfunden.

Tramezzino kommt von *tra mezzo* (in der Mitte geschnitten). Der Ausdruck stammt **von Gabriele d'Annunzio.**

LA MAMMA

Die italienische Mamma liebt ihre Kinder

und hält die Familie zusammen.

Wenn es schiefgeht:
Mamma Mia!

Mammismo

Italienische Kinder –
besonders die Söhne –
werden oft so gut versorgt,
dass sie nicht ausziehen.
Dieses Phänomen nennt
man Mammismo.

Erwachsene Söhne,
die nicht ausziehen, werden auch
Mammone
genannt.

Viva la mamma
Lied von Edoardo Bennato

DER ITALIENISCHE MANN

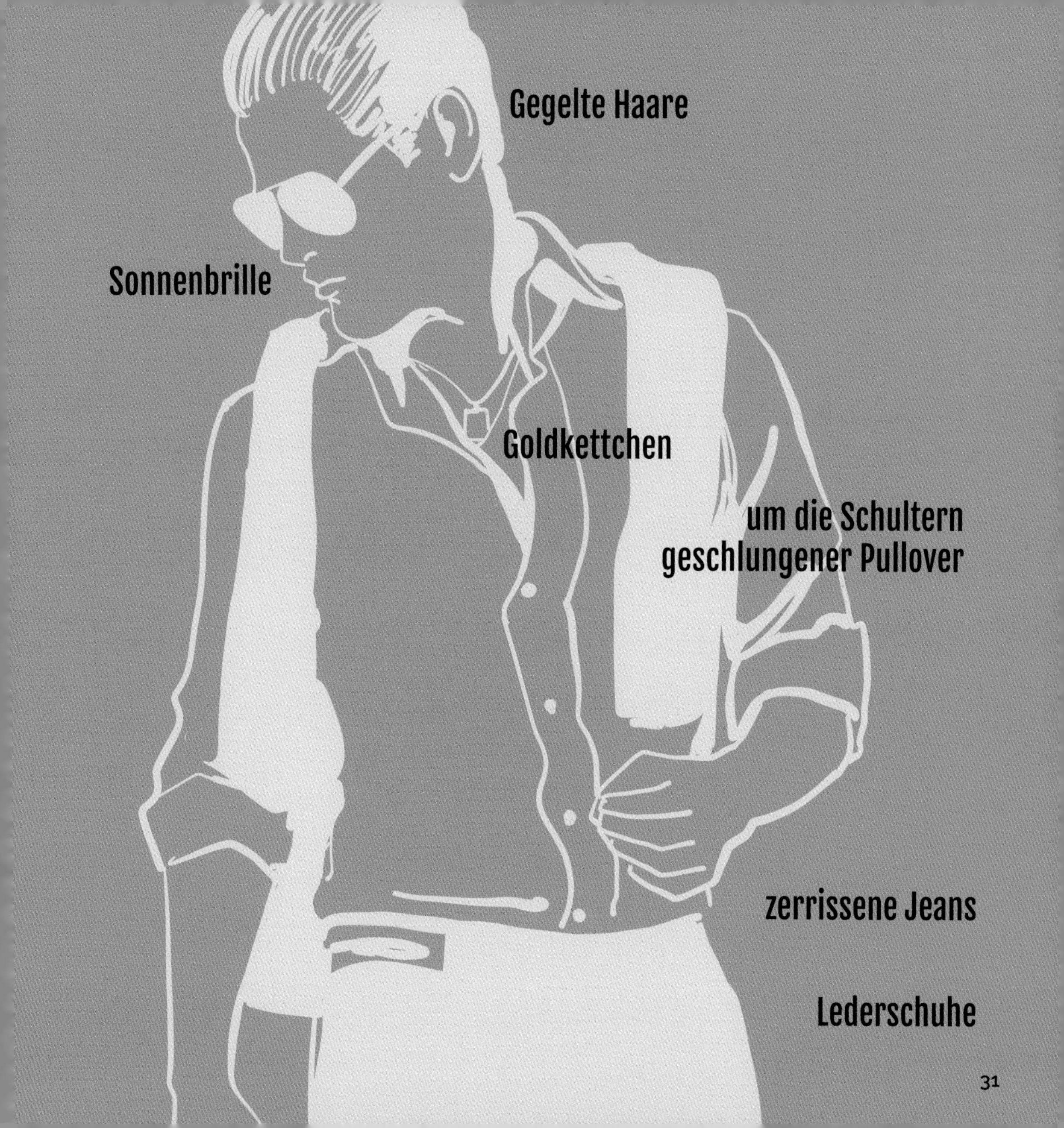
Gegelte Haare
Sonnenbrille
Goldkettchen
um die Schultern geschlungener Pullover
zerrissene Jeans
Lederschuhe

LA PIAZZA

Die Piazza befindet sich
**meist im Stadt-
zentrum.**
**Sie ist politischer und
sozialer Treffpunkt und ein Platz zum**
Feste feiern.

Piazza Maggiore, Bologna

La passeggiata

Die Passeggiata ist der traditionelle Spaziergang auf der Piazza, zum sehen und gesehen werden.

Piazza San Marco, Venedig

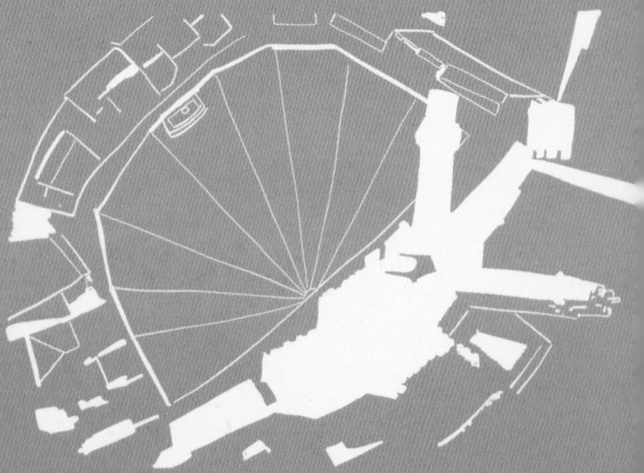

Piazza del Campo, Siena

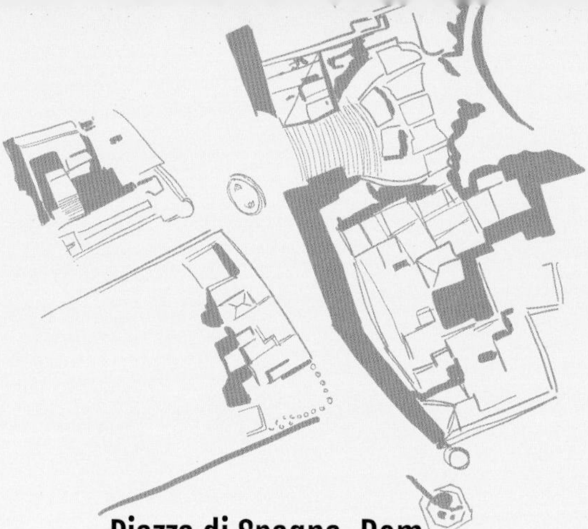

Piazza di Spagna, Rom

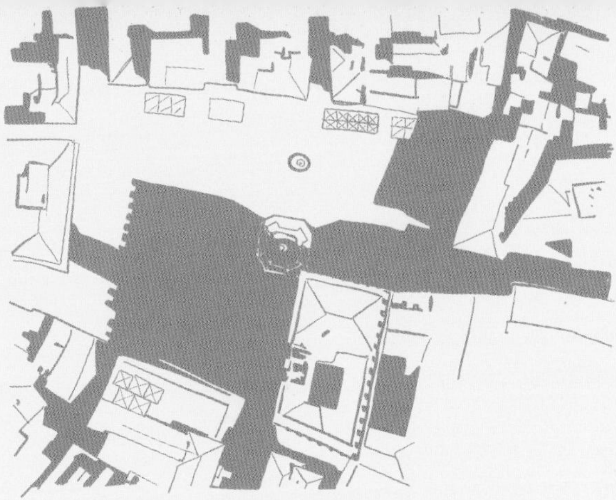

Piazza della Signoria, Florenz

Piazza dei Miracoli, Pisa

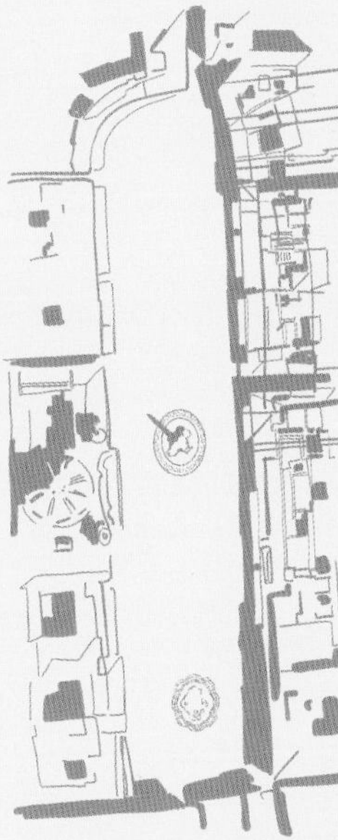

Piazza Navona, Rom

Piazza dell'Unita, Triest

DER STRAND

Hunde sind **nicht gern gesehen** bzw. meistens ist ihre Mitnahme an den Strand überhaupt **verboten.**

Laute Musik am Strand ist verboten.

Von 13:00 bis 16:00 Uhr

herrscht **Mittagsruhe** – dann ist gar keine Musik erlaubt.

Sich oben ohne oder ganz nackt zu sonnen ist verboten.

Lagerfeuer sind verboten.

Liegeplätze am Strand mit Handtüchern zu reservieren ist verboten.

Il Bagnino
Der Bademeister

herrscht über Strandliegen
und Sonnenschirme.

Er säubert seinen Strandabschnitt,
sammelt vergessene Dinge ein
und sorgt für Ruhe und Ordnung.

Er vergibt Badekabinen
und vermietet
Sonnenschirme und Strandliegen.

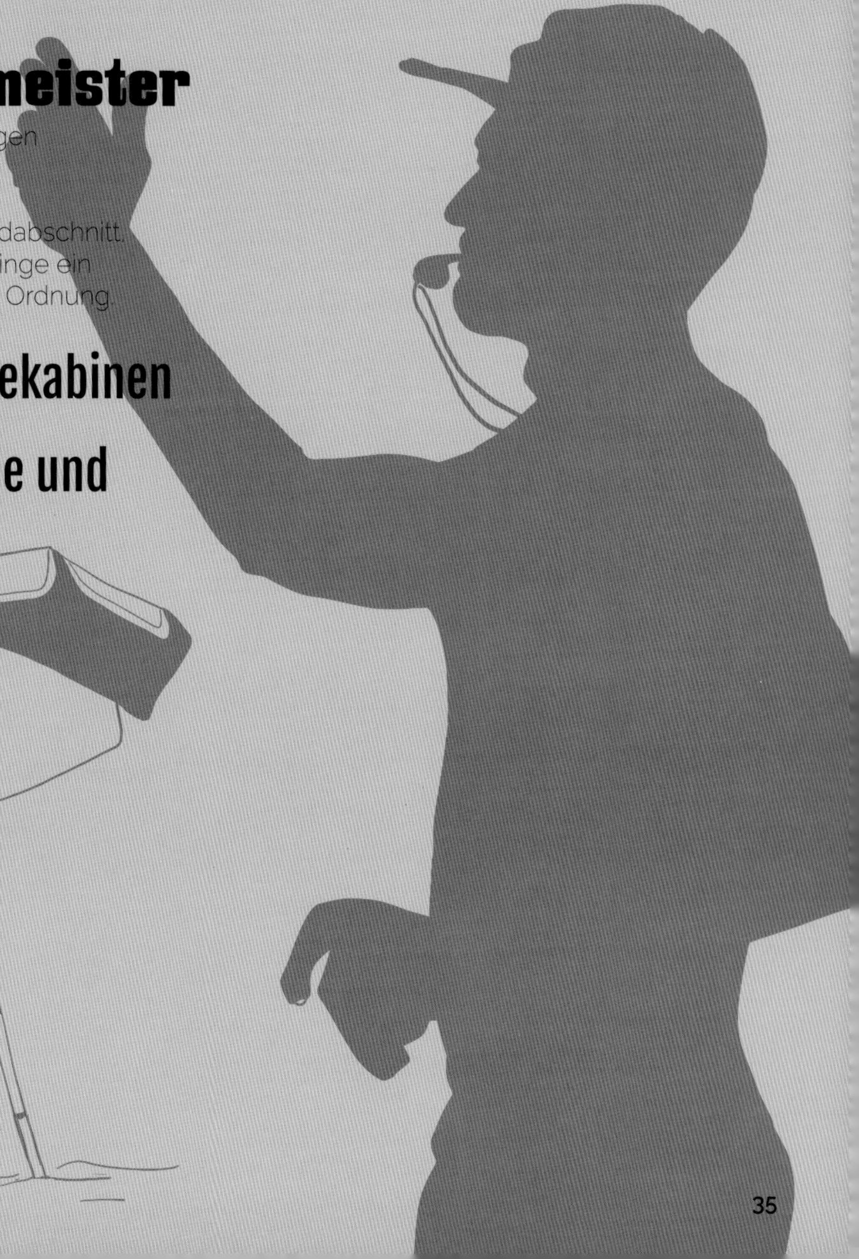

ESSEN

Il pranzo (Mittagessen) gegen
13:00 Uhr

La merenda (Snack) gegen
16:00 Uhr

La cena (Abendessen) gegen
20:00 Uhr

Slow Food

bezeichnet eine um **1980 in Italien** entstandene Bewegung, die den

Genuss fördern will

und sich **gegen Fastfood** richtet: Die regionale Küche soll erhalten und die Qualität der Nahrungsmittel in den Mittelpunkt gestellt werden.

Buono, pulito e giusto!
Gut, sauber und fair!

So isst Italien:

Gegessen werden
**zumindest drei
bis vier Gänge.**

Antipasti
verschiedene Vorspeisen

Primo
Pasta- oder Reisgericht

Secondo
Fleisch oder Fisch

Contorni
Beilagen wie Gemüse
oder Kartoffeln

Dolce
Nachspeise, oft auch nur Früchte
oder Obstsalat

Coperto
das Gedeck;
Brot, Grissini, oft
auch Stoffservietten

FLÜSSE UND SEEN

Po

Ursprung: Valle Po (Cottische Alpen, nahe der französischen Grenze)

Mündung: bei Adria (Venetien) in die Adria

Der Po ist mit

652 km

der längste Fluss Italiens.

Der Po fließt durch die Poebene

(Pianura Padana) und hat

141 Zuflüsse.

Adige

(Etsch)

Ursprung: nahe des Reschenpasses im Obervinschgau in Südtirol

Mündung: bei Rosolina Mare (Venetien) in die Adria

Die Etsch ist mit

415 km

der zweitlängste Fluss Italiens.

Tevere

(Tiber)

Ursprung: Monte Fumaiolo, Apennin

Mündung: Tyrrhenisches Meer

Der Tiber ist mit

405 km

der drittlängste Fluss Italiens.

Er fließt durch Rom: Der Legende nach wurden die Zwillinge Romulus und Remus in einem Korb auf dem Tiber ausgesetzt.

Adda

Ursprung: Valle Alpisella bei Livigno, Rätische Alpen

Mündung: Lago di Como

Traghetto di Leonardo

Diese von Leonardo da Vinci erfundene Fähre verkehrt zwischen Imbersago und Villa d'Adda.

Silhouette: **Lago di Resia (Reschensee) mit dem berühmten versunkenen Kirchturm.** Zu- und Abfluss dieses Stausees ist der Adige.

Lago di Garda

Fläche:

370 km²

Der Gardasee ist der größte See Italiens. Rund um den See finden sich viele **Weinbaugebiete** – Lugana, Bardolino, Soave, und Valpolicella.

Der See hat mehrere Inseln:

Die Isola del Garda

ist die größte Insel des Sees. Hier befindet sich die berühmte **Villa Borghese.**

Auf der Isola dei Conigli,

der Kanincheninsel, wurden früher Kaninchen gejagt.

Der Gardasee ist wegen des angenehmen Klimas ein beliebtes Reiseziel. Außerdem gibt es – vor allem am Nordufer – gute

Windverhältnisse für Surfer.

Lago Maggiore

Fläche:

212 km²

19,9% gehören zur Schweiz.

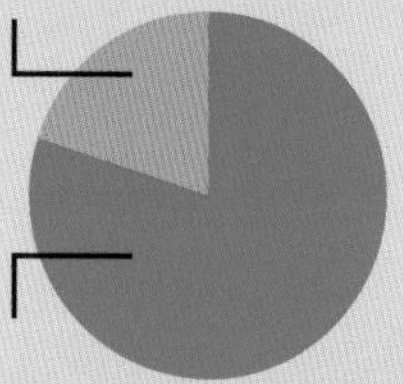

80,1% gehören zu Italien.

Die Stadt Stresa ist bekannt für die Belle-Epoque-Villen und -Hotelpaläste. Insgesamt gibt es **11 Inseln**, darunter die **5 Borromäischen Inseln**: **Isola Bella mit Palazzo Borromeo** – bekannt für die weißen Pfauen, die in den Gärten leben –, **Isola dei Pescatori, Isola Madre, Isolino di San Giovanni** und **Scoglio della Malghera**, auch Isolino degli Innamorati (Insel der Verliebten) genannt.

Lago di Como

Fläche:

146 km²

Der Lago di Como wird in Italien auch Lario genannt. **Der See entstand durch einen Gletscher und hat daher seine charakteristische Y-Form.** Die Isola Comacina war bereits in der Antike bewohnt. **Viele Prominente** wie George Clooney, Madonna und Brad Pitt besitzen hier Anwesen.

Der See ist bei Surfern beliebt:

La breva weht täglich außer im Winter.

DAS MITTELMEER UND DIE INSELN

Mare Adriatico

(Adria)
Die Adria ist ein nördliches Seitenbecken des Mittelmeeres, das nach der italienischen **Stadt Adria** benannt ist.

Länge:

820 km

Breite: durchschnittlich

160 km

Fläche:

132 000 km²

Tiefe: durchschnittlich

40–200 m

Tiefste Stelle:

1260 m bei Bari

Inseln: Isole Tremiti

Isole Eolie

(Äolische Inseln)
Die Inselgruppe vulkanischen Ursprungs besteht aus **7 bewohnten Inseln** mit knapp

14 000

Einwohnern.

Die Inseln gehören politisch zur

Region Sizilien.

Gesamtfläche:

115,4 km²

Die **Inseln Stromboli** und **Vulcano** sind wichtig für die Vulkanologie – es gibt zwei **Eruptionstypen:** den Stromboli- und den Vulcano-Typ.

Isole Egadi

(Ägidische Inseln)
Die Inselgruppe besteht aus **3 großen Inseln – Favignana, Levanzo und Marettimo –** und einigen kleinen Inseln. Die Inseln gehören politisch zur

Region Sizilien.

Gesamtfläche:

37,45 km²

Einwohner: 4325

241 v. Chr.

war die Inselgruppe Schauplatz der letzten Seeschlacht im Ersten Punischen Krieg: **Sieg der Römer über die Karthager.**

Sicilia

(Sizilien)
Sizilien ist die flächenmäßig größte Insel des Mittelmeeres.

Gesamtfläche:
25 426 km²

Küstenlänge:
1100 km

Hauptstadt:
Palermo

Hier befindet sich **der Ätna**, der höchste aktive Vulkan Europas.

Die Insel wurde aufgrund ihrer strategisch wichtigen Lage **oft erobert** – von Griechen, Karthagern, Römern, Arabern und Normannen.

Sardegna

(Sardinien)
Gesamtfläche:
24 090 km²

Hauptstadt:
Cagliari

Die Bewohner Sardiniens haben eine außergewöhnlich **hohe Lebenserwartung** von durchschnittlich 81 Jahren.

Asinara

ist eine kleine Insel vor Sardinien. Sie ist berühmt für die selten gewordenen **weißen Esel.**

Arcipelago Campano

(Kampanischer Archipel)
Die Inselgruppe liegt vor der Region Kampanien im **Golf von Neapel**.

Hauptinseln:
Capri, Ischia, Procida, Vivara, Nisida

Die Insel Capri ist Namensgeber für den berühmten **Caprese** (Tomate, Mozzarella, Basilikum und Olivenöl).

Blaue Grotte
Das Tageslicht wird zum Teil unter dem Meeresspiegel reflektiert, daher schimmert die ganze Grotte geheimnisvoll blau.

Arcipelago Toscano

(Toskanischer Archipel)
Die Inselgruppe liegt vor der toskanischen Küste.

7 Hauptinseln:
Elba, Giannutri, Giglio, Capraia Montecristo, Pianosa, Gorgona

Montecristo ist der Schauplatz von **Alexandre Dumas' Roman *Der Graf von Montecristo.***

Elba: Napoleons Exil

BERGE UND VULKANE

Monte Rosa

Der Monte Rosa ist ein Gebirgsmassiv in den **Walliser Alpen,** auf der Grenze zwischen Italien und der Schweiz. Das Gebirge ist bekannt für seine vielen

4000er Gipfel – insgesamt 12.

Der Monte Bianco ist mit 4810 m

der höchste Berg Italiens und der Alpen. Sowohl Frankreich als auch Italien haben Anteil am Monte Bianco – der Grenzverlauf ist umstritten: Frankreich beansprucht den Gipfel für sich, Italien behauptet, die Grenze gehe genau durch den Gipfel.

Appennini (Apennin)

Dieser **1500 km** lange Gebirgszug durchzieht Italien **in Nordwest-Südost-Richtung.**

Höchster Punkt: **Corno Grande mit 2912 m**

Carrara (Apuanische Alpen) ist **berühmt für den weißen Marmor,** der erstmals von Michelangelo verwendet wurde.

Etna

(Ätna)

Sizilien, bei Catania und Messina

Der Ätna ist der aktivste und mit etwa

3300 m

(je nach vorangegangener Aktivität)
der höchste Vulkan Europas.
Er hat

vier Gipfelkrater

und mehr als

400 Nebenkrater.

Der längste Ausbruch ereignete sich zwischen

1614 und 1624.

Es wurden mehr als eine
Milliarde m³ Lava ausgestoßen.

Stromboli

Insel Stromboli,
Äolische Inseln, Sizilien

Der Stromboli ist ein ständig aktiver Vulkan:
In unregelmäßigen Abständen (minütlich bis stündlich) kommt es aus verschiedenen Krateröffnungen zu Eruptionen – dieses Phänomen wird **Strombolische Aktivität** genannt.

Vesuvio

(Vesuv)

Golf von Neapel,
Kampanien, bei Neapel

Der Vesuv besteht aus den Resten eines viel größeren Vulkans, dem **Somma**, dessen Spitze zu einer **Caldera** eingestürzt ist. Im Inneren des Einsturzbeckens bildete sich ein neuer Kegel – der heutige Vesuv.

Beim Ausbruch von 79 n. Chr. wurde die antike Stadt Pompeji zerstört.

BRUNNEN

Neptunbrunnen, Bologna
von Giovanni da Bologna

Der Brunnen ist bekannt durch die große **Neptunstatue**, die auch »Der Riese« genannt wird.

Der Dreizack des Neptun ist im Logo von Maserati abgebildet.

Fontana di Trevi, Rom
von Nicola Salvi

Etwa 3000 Euro

werden von Touristen Tag für Tag in den Brunnen geworfen. Das Geld wird für **wohltätige Zwecke gespendet.**

Fontana Maggiore, Perugia
von Nicola und Giovanni Pisano

Dieser mittelalterliche Brunnen zeichnet sich durch zahlreiche **Relieftafeln**, die die **Menschheitsgeschichte**, die **Monatsarbeiten** und das **Handwerk** (Artes mechanicae) sowie die **sieben Freien Künste** (Artes liberales) darstellen, aus.

Fontana di Quattro Fiumi, Rom
von Gian Lorenzo Bernini

Die 4 Figuren stehen für die Flüsse **Donau, Ganges, Nil und Rio de la Plata.**

Der Obelisk in der Mitte des Brunnens trägt eine der letzten Hieroglyphen-Inschriften.

Neptunbrunnen, Messina
von Giovanni Angelo Montorsoli, einem Schüler Michelangelos

Der Neptunbrunnen stellt **Neptun, Skylla und Charybdis dar** – die beiden letzteren Figuren stehen für die Straße von Messina.

DIE ALTEN RÖMER

Colosseo

Das Kolosseum ist das größte **Amphitheater** der Welt. Es wurde

72–80 n. Chr.

erbaut.

Panem et circenses
Brot und Spiele

Hier fanden die Spiele zur Unterhaltung der Imperatoren und der freien Bürger Roms statt.

Gladiotorenkämpfe

Der Imperator entschied:
Daumen rauf – der Verlierer darf leben.
Daumen runter – der Verlierer muss sterben.

Die ewige Stadt
Der Dichter Tibull

nennt Rom die ewige Stadt.

Vergil

greift das in der Aeneis auf: Hier prophezeit Jupiter, dass Rom keine räumlichen oder zeitlichen Grenzen kennen wird.

Gründung Roms
Romulus und Remus

waren die Kinder des Gottes Mars und der Vestalin Rhea Silvia. Der Legende nach wurden sie von Wölfen aufgezogen. Romulus gründete Rom

753.

Er brachte seinen Bruder Remus um, als dieser über die Befestigung der Stadt lachte.

Wasserversorgung im alten Rom

312 v. Chr.

wurde das erste Aquädukt Roms,

Aqua Appia, erbaut.

400 n. Chr.

gab es in Rom bereits

11 Aquädukte, etwa 1300 Brunnen und zahlreiche private Bäder.

Wasser wurde über Kanäle in die Stadt geleitet, in Zisternen gesammelt und über Ton- oder Bleirohre verteilt.

Die Sieben Hügel Roms

Rom wurde auf sieben Hügeln erbaut:

Aventin: 47 m

Caelius: 50 m

Esquilin: 65 m

Kapitol: 50 m

Auf dem Kapitol lebende Gänse retteten Rom mit ihrem Schnattern vor einer gallischen Invasion.

Palatin: 51 m

ältester, bewohnter Teil der Stadt

Quirinal: 61 m

Villenviertel der Oberschicht

Viminal: 60 m

S·P·Q·R

SPQR

Abkürzung für **S**enatus **P**opolus**q**ue **R**omanus – Senat und Volk von Rom.
Die Abkürzung ist heute noch auf den Kanaldeckeln sowie im Wappen der Stadt Rom zu finden.

SPQR wird scherzhaft auch als

Sono Pazzi Questi Romani

(Die spinnen, die Römer) gedeutet, z. B. bei Asterix und Obelix.

POMPEJI

Pompeji war eine antike Stadt, die durch den

Ausbruch des Vesuvs 79 n. Chr.

verschüttet wurde

Eines der 30 000 Opfer war der Schriftsteller Plinius der Ältere.

Erst im

18. Jahrhundert

wurden die Ruinen entdeckt

Etwa zwei Drittel der Stadt

sind heute freigelegt

Thermen:

Tepidarium
warmes Bad

Caldarium
heißes Bad

Laconium
Schwitzbad

Natatio
Schwimmbecken

Nekropole
Die Totenstädte am Stadteingang mussten durchquert werden, um in die Stadt zu gelangen. Sie wurden oft als Latrinen missbraucht, wie Inschriften belegen.

Erotische Fresken,
die sich an **Ovids Ars Amorica** orientierten, befanden sich in den Umkleideräumen der Thermen.

WO DER PAPST WOHNT UND BETET

Der Papst

ist das Oberhaupt der katholischen Kirche und der

Bischof von Rom.

Er wird im **Konklave** von den Kardinälen gewählt.

Der Papst ist außerdem der
Monarch des Vatikanstaates.

Gästehaus Santa Martha

Franziskus I. wechselte
aus der Wohnung im apostolischen Palast in das Haus Santa Martha.

Papstinsignien

Papstthron – Cathedra Petri
Fischerring – Anulus Piscatoris
Tiara – heute durch eine Mitra ersetzt
Ferula – Hirtenstab

Päpstliche Schweizergarde

Die Schweizergarde sichert den apostolischen Palast, die Eingänge der Vatikanstadt und das Castel Gandolfo.

Petersdom

Zentrum der Vatikanstadt

Der Petersdom wurde von verschiedenen Architekten geplant,

darunter Donato Bramante, Raffael Santi, Michelangelo Buonarotti, Gian Lorenzo Bernini und Francesco Borromimi.

Sommerresidenz

Castel Gandolfo

Ca. 30 km südöstlich von Rom

Seit 400 Jahren

ist das Castel Gandolfo die Sommerresidenz der Päpste.

Castel Sant'Angelo

Engelsburg

Die Engelsburg wurde ursprünglich als Mausoleum für

Kaiser Hadrian erbaut.

Sie war lange Zeit die Papstresidenz,

heute befindet sich hier ein Museum.

***Tosca* (Giacomo Puccini)**

beging hier Selbstmord.

Die ***Illuminati* (Dan Brown)**

treffen einander hier.

Urbi et Orbi

Feierlicher Segen des Papstes beim Amtsantritt, zu Ostern und zu Weihnachten.
Der Segen kann seit 1995 auch gültig über das Internet empfangen werden.

SIXTINISCHE KAPELLE

Die Capella Sistina

ist eine Kapelle des Apostolischen Palastes. Sie wurde zwischen

1475 und 1483

von **Sixtus VI.** erbaut und ist **mit dem Petersdom durch die Scala Regia verbunden.**

Hier wird das Konklave abgehalten.

Bei der Wahl des Papstes verkündet weißer Rauch die erfolgreiche Wahl.

Boticellis Wandgemälde

Die Versuchung Christi
Begebenheiten aus dem Leben Mose
Die Bestrafung von Korach, Datan und Abiram

Michelangelos Altargemälde

1532

beauftragt von

Clemens VII.

Michelangelos Deckengemälde

wurden im Auftrag von

Papst Julius II.

zwischen

1508 und 1512

gemalt und zeigen Szenen der Genesis.

Ihre Fläche beträgt

512 m².

Bekanntester Teil:

Die Erschaffung Adams

Michelangelo arbeitete

bis 1541

an dem Fresko – er war bei der **Fertigstellung 66 Jahre alt.**

Ca. 200 m² Fläche

Michelangelo stellt sich hier als Märtyrer Bartholomäus dar.

DIE KIRCHEN

Mailänder Dom

Drittgrößte Kirche der Welt
und eine der wenigen gotischen Kirchen Italiens

Santa Maria del Fiore, Florenz

Die riesige Kuppel von Brunelleschi
ist eine technische Meisterleistung
der frühen Renaissance.
Glockenturm von Giotto di Bondone.

Turiner Dom

Johannes dem Täufer gewidmet
Die Leichentuchkapelle wurde von Guarino Guarini erbaut.
Der Dom beherbergt das **Turiner Grabtuch** (*Sacra Sindone*),
das angeblich ein Ganzkörperbild Jesu zeigt.

Basilica San Marco, Venedig

Hier liegen die Gebeine des Evangelisten Markus,
die aus Alexandria geraubt wurden.
Die **Quadriga der Bronzepferde** (eigentlich Kupferpferde)
wurde in Konstantinopel geraubt.

Basilica di Sant'Antonio, Padua

Die Basilica di Sant'Antonio ist einer der meistbesuchten Wallfahrtsorte Italiens. Hier liegen die **Reliquien des Heiligen Antonius.**

Basilica di San Francesco, Assisi

Grab des heiligen Franziskus von Assisi

Die Basilika besteht aus einer Ober- und einer Unterkirche. Die Oberkirche beherbergt einen frühen Freskenzyklus von Giotto di Bondone (gemalt nach 1296).

Capella degli Scrovegni, Padua

Scrovegni, ein reicher Adeliger und Kaufmann, ließ für seinen Vater eine Kapelle bauen. **Der Vater wird in Dantes *Divina Comedia* wegen Geldwuchers in die Hölle verbannt.** Die Kapelle beherbergt einen weiteren **Freskenzyklus von Giotto di Bondone** (gemalt um 1304).

San Petronino, Bologna

Fünftgrößte Kirche der Welt und größte Backsteinkirche

Karl V., römischer Kaiser, wurde hier von Papst Clemens VII. gekrönt.

SCHIEFER TURM VON PISA

Freistehender Glockenturm

Grundsteinlegung: **1173**

Die dritte Etage neigte sich,
es folgte ein Baustillstand von
100 Jahren.

Später wurden weitere Stockwerke schief aufgesetzt, um die Neigung auszugleichen.

Galileo
soll hier die
Fallgesetze
beschrieben haben.

Der Turm besteht aus **14 200 Tonnen** weißem Carrara-Marmor.

Der Glockenturm hat insgesamt **7 Glocken,** von denen die **Assunta** mit **2600 kg** die schwerste ist.

Neigung nach der Sanierung: ca. **4°**

PALLADIO UND SEINE BAUTEN

Palladio, eigentlich Andrea di Pietro della Gondola

* 30. November 1508 in Padua
† 19. August 1580 in Vicenza

Wichtigster Renaissance-Architekt Norditaliens

Er suchte seine Vorbilder in der Antike, bei Michelangelo und Bramante, beeinflusste den Stil seiner Zeit und hatte viele Nachahmer.

Auswahl seiner Bauwerke:

Villa Godi (Vicenza), um **1540**
Villa Pisani (Vicenza), um **1544**
Palazzo Thiene (Vicenza), nach **1541**
Villa Thiene (Vicenza), um **1542/1543**
Villa Contarini (Piazzola sul Brenta), um **1546**
Villa Angarano (Bassano del Grappa), um **1548**
Palazzo Iseppo Porto (Vicenza), vollendet **1552**
Villa Cornaro (Piombino Dese), um **1552**
Villa Pisani (Montagnana), um **1553–1555**
San Francesco della Vigna Kirche in Venedig; Fassade **1554**
Villa Zeno (Donegal di Cessalto), um **1554**
Palazzo Antonini (Udine), **1556**
Villa Badoer (Fratta Polesine, Rovigo), um **1556**
Villa Barbaro (Maser bei Treviso), **1549–1558**
Villa Repeta (Campiglia di Berici, Vicenza), um **1557**
Villa Foscari genannt **La Malcontenta**, (Malcontenta di Mira), **1559–1560**
San Giorgio Maggiore Kirche auf der Isola di San Giorgio in Venedig, **1566–1575**
Il Redentore Kirche auf der Giudecca in Venedig, begonnen **1576**
Le Zitelle Kirche auf der Giudecca in Venedig, um **1579/1580**
Villa Emo Fanzolo di Vedelago (Treviso), **1555–1565**
Palazzo Valmarana-Braga (Vicenza), **1566–1582**
Villa Capra oder Villa Almerico genannt **Villa Rotonda**, (Vicenza), **1566–1571**
Teatro Olimpico (Vicenza), Plan von Palladio, Ausführung durch Silla Palladio und Vincenzo Scamozzi ab **1580**

DOGENPALAST

Der Dogenpalast war **seit dem 9. Jahrhundert** der Sitz der venezianischen Dogen.

Er ist zum Meer hin orientiert, um die ankommenden Besucher der Serenissima zu beeindrucken.

In der Säulengalerie befinden sich **zwei rote Säulen in der Fassade:** Zwischen ihnen wurden die Todesurteile verkündet.

Die Bleikammern

Über dem **Saal der Inquisition** lagen die berüchtigten Bleikammern (**Piombi**). Sie befanden sich direkt unter dem mit Blei gedeckten Dach, die Hitze war unerträglich.

Casanova gelang die Flucht aus den Piombi.

Seufzerbrücke
Ponte dei Sospiri

Die Brücke **verbindet den Dogenpalast mit dem Palazzo delle Prigioni Nuove**, dem neuen Gefängnis. Über sie wurden die Gefangenen in das Gefängnis geführt, sie sahen hier die Lagune zum letzten Mal. Man sagt, viele warfen mit einem Seufzen den letzten Blick in die Freiheit – daher der Name.

DIE MEDICI UND DAS BANKWESEN

Die Medici waren eine Florentiner Familie,

sie dominierten durch ihre starken Beziehungen zum Papst die Finanzwelt der damaligen Zeit.

Giovanni di Bicci de' Medici

wurde im 14. Jahrhundert

zum Bankier des Papstes und begründete

1397 die **Banca de' Medici.**

Die Banca de' Medici war im

15. Jahrhundert

eine der größten Banken Europas. Ihr Gründungskapital betrug

10 000 Florin.

Sie besaß Filialen in Venedig und Rom, war im Wechselgeschäft, der Kreditvergabe und bei Investitionen tätig.

Der Florin

wurde zwischen

1252 und 1533

in Florenz geprägt.
Er bestand aus ca.

3,5 g Feingold.

Die Münze zeigte Johannes den Täufer (den Schutzpatron von Florenz) sowie eine Lilie auf der anderen Seite.

Cosimo I. de' Medici

führte in seinem Machtbereich nach französischem Vorbild den Scudo ein.

Grabkapelle in San Lorenzo

Die Medici wurden in dieser Kapelle begraben. **Michelangelo gestaltete** die Gräber von Lorenzo di Piero de' Medici und Giuliano di Lorenzo de' Medici. **Die Kapelle gilt als Musterbeispiel der italienischen Hochrenaissance.**

Die Medici waren **große Förderer der Kunst,** sie unterstützten unter anderem Michelangelo, Botticelli, Leonardo da Vinci und Brunelleschi. **Ihre Sammlung ist der Grundstock der Uffizien.**

DIE SFORZA UND LEONARDO

Die Sforza hießen ursprünglich Attendolo und kamen aus Cotignola bei Ravenna.

Von 1450 bis 1535

regierten sie (mit Unterbrechungen) als

Herzöge von Mailand in der Lombardei.

Giacomo (oder Jacopo) Attendolo

* 28. Mai 1369 in Cotignola
† 4. Januar 1424, ertrunken

Er war unglaublich stark, daher der Name Sforza (Bezwinger).

Ludovico Sforza

* 27. Juli 1452 in Vigevano
† 27. Mai 1508 in Loches

Er regierte in Mailand und förderte Leonardo da Vinci.

Leonardo
war unter den Sforza der Organisator von Zeremonien und Festen und beschäftigte sich mit der
militärischen Verteidigung.

Leonardo entwickelte nach einer Pestepidemie die
erste Müllabfuhr Mailands.

Leonardo gestaltete
das Sforza-Monument *Il Cavallo*.

GIACOMO GIROLAMO CASANOVA

* 2. April 1725 in Venedig
† 4. Juni 1798 in Duchcov, Böhmen

Schriftsteller und Lebemann, bekannt durch die Schilderungen seiner zahlreichen **Liebesabenteuer.**

Casanova war Doktor der Rechte, wollte Priester werden, und war Orchestergeiger und Claqueur.

Er wurde 1755 wegen »Schmähungen gegen die heilige Religion« in Venedig verhaftet und war **15 Monate** in den gefürchteten **Bleikammern des Dogenpalastes** inhaftiert. Casanovas zweiter **Fluchtversuch** gelang.

Anschließend reiste Casanova durch Europa.

Er war ein gern gesehener Gast in den adeligen Salons

und lernte **1760**

Voltaire in Genf kennen.

Er traf bei seinem Aufenthalt in Sankt Petersburg

zweimal

mit Katharina der Großen

zusammen und

1787 in Prag

möglicherweise auch mit Mozart und Da Ponte.

Federico Fellini

verfilmte 1976 Casanovas Leben:

Fellinis Casanova.

CHRISTOPH KOLUMBUS

* um 1451 in Genua
† 20. Mai 1506 in Valladolid

Kolumbus wollte den westlichen Seeweg nach China finden.

1492 Entdeckung Amerikas

Er stand in spanischen Diensten.

Sein Schiff hieß Santa Maria, Kolumbus segelte zusammen mit zwei weiteren **Schiffen**, der Niña und der Pinta.

MARCO POLO

* um 1254 vermutlich in Venedig
† 8. Januar 1324 in Venedig

Marco Polo reiste nach China und wurde

Präfekt des Großkhans.

Er kaufte nach seiner Rückkehr ein Wohnhaus in Venedig beim

Corte del Milion.

Corte del Milion **wurde sein Spitzname,** da Marco Polo ständig über die Millionen des Khans und seinen eigenen Reichtum sprach.

Ca. 150 Handschriften

seines Reiseberichtes sind erhalten.

GARIBALDI UND DAS RISORGIMENTO

* 4. Juli 1807 in Nizza
† 2. Juni 1882 auf Caprera

Garibaldi strebte einen **italienischen Nationalstaat** an.

Er nahm **1834** am Aufstand im Piemont teil.

Nach seiner **Verurteilung zum Tod** floh Garbialdi **nach Brasilien.**

1860
»Zug der Tausend«, um Sizilien von den Spaniern zu befreien. Garibaldi ernannte sich dort im Namen von Viktor Emanuel II. zum Diktator.

Garibaldi trat an der Seite Savoyens in den **italienischen Unabhängigkeitskrieg** ein.

Die Unabhängigkeit Italiens wurde durch die Ausrufung der konstitutionellen Monarchie 1861 erreicht.

Viva Verdi war ein Kampfruf im italienischen Befreiungskampf im Risorgimento. Der Name Verdis diente als Akronym für **Vittorio Emanuele Re d'Italia**.

BENITO AMILCARE ANDREA MUSSOLINI

* 29. Juli 1883 in Dovia di Predappio
† 28. April 1945 in Giulino di Mezzegra
Ministerpräsident Italiens 1922–1943

Duce del Fascismo

Diktator des faschistischen Regimes in Italien

Er galt in den 1920er-Jahren als der **meist fotografierte Mensch seiner Zeit.**

Er wollte 1940 eine Guerra parallela –

nicht mit, sondern neben Deutschland führen – für italienische Ziele.

Mussolini hat immer Recht

war eine verbreitete Phrase dieser Zeit.

Die großen Parteien Italiens distanzierten sich von Mussolini.

Berlusconi

ließ sich hingegen mit

»Duce, Duce«-

Rufen feiern.

Er ernährte sich vermutlich aufgrund eines Magengeschwürs nur von Nudeln und Obst, rauchte und trank nicht.

Ducismo oder Mussolinismo

propagandistische Überhöhung von Mussolini

Er ordnete an, Fremdworte aus der italienischen Sprache zu entfernen:

rete **statt goal (Tor)**
autista **statt chauffeur**
pellicola **statt film**

Zudem verfolgte er eine rigorose Politik gegen Minderheitensprachen.

AUSWANDERER

Der Hauptgrund für die Auswanderung war die

schreckliche Armut in Italien um 1860.

Es wanderten

ca. 25 Millionen

Italiener aus.

Zielländer zwischen **1870 und 1915** waren **Österreich-Ungarn, Deutschland, Frankreich und Amerika.**

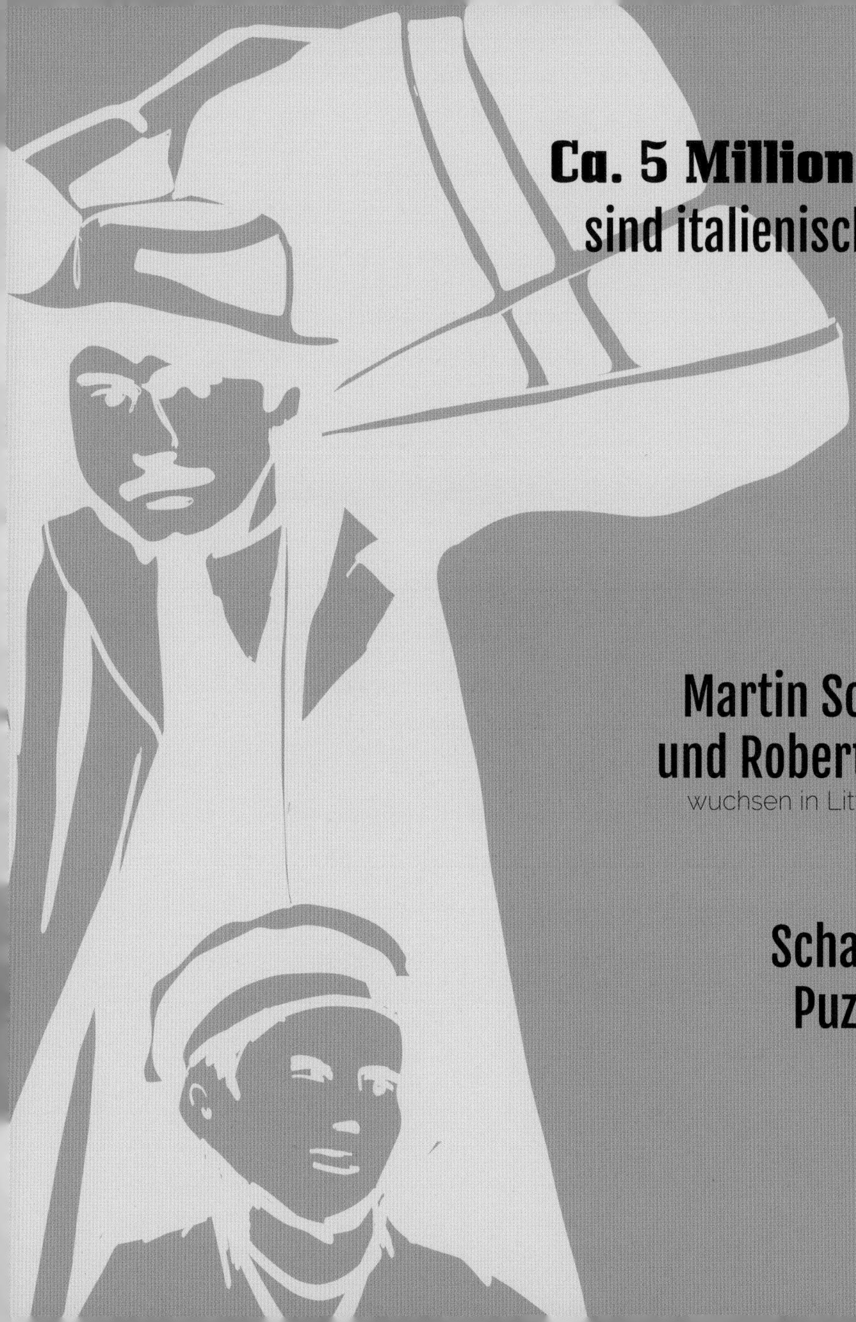

Ca. 5 Millionen Franzosen
sind italienischer Abstammung.

Little Italy
Um 1900 lebten
ca. 40 000
Süditaliener
in New York.

Martin Scorsese
und Robert de Niro
wuchsen in Little Italy auf.

Little Italy ist einer der
Schauplätze für Mario
Puzos Roman *Der Pate*,
der mit
Marlon Brando
verfilmt wurde.

GIORGIO ARMANI

* 11. Juli 1934 in Piacenza

Giorgio Armani arbeitete unter anderem als
Schaufensterdekorateur und Modeeinkäufer.

Er entwarf Herrenanzüge
für Cerruti
und arbeitete freiberuflich
für Ungaro und Zegna.

Er machte das
T-Shirt zum Anzug salonfähig.

Zum Modeunternehmen
Giorgio Armani SpA
gehören heute mehr als
2000 Geschäfte in 60 Ländern.

Armani entwickelte auch Parfums.

1974 präsentierte Armani
seine erste Kollektion
nur für Herren.

1980
folgte seine erste
Damen-Kollektion.

Stars in Armani:

Jodie Foster
Tom Cruise
Brad Pitt
George Clooney
Katie Holmes
Richard Gere
Sean Connery
Kevin Costner

MODEMACHER

Gianni Versace

*** 2. Dezember 1946**
in Reggio Calabria
† 15. Juli 1997
in Miami Beach

Versace wird heute von Donatella Versace geleitet.

Bekleidung, Inneneinrichtung, Düfte, Accessoires

Gianni Versace sah seine Inspiration vor allem in Andy Warhol, Roy Lichtenstein sowie der griechischen Mythologie.

Domenico Dolce/ Stefano Gabbana

Dolce * 13. August 1958 in Polizzi Generosa
Gabbana * 14. November 1962 in Mailand

Bekleidung, Lederwaren und Accessoires, eigene Home-Kollektion

Erste internationale Anerkennung fanden Dolce & Gabbana, als **Madonna** beim Film-Festival von Cannes ein von ihnen entworfenes edelsteinbesetztes Korsett trug.

D & G entwarfen für ihre Tournee mehr als 1500 Kostüme.

Sie statteten auch Beyoncé und Kylie Minogue aus.

Franco Moschino

*** 27. Februar 1950**
in Mailand
† 18. September 1994

Moschino begann nach seinem Studium als **Skizzenzeichner** und **Designer bei Versace.**

1983

gründete er seine eigene Firma **Moonshadow** und präsentierte seine Mode unter dem Namen **Moschino.**

Er ironisierte die Modewelt: »Stop the Fashion System!« oder »Expensive Jacket« – als Aufdruck auf Oberteilen.

Seit seinem Aidstod gehen Teile der Einkünfte des Labels an eine Stiftung für HIV-infizierte Kinder.

Nino Cerruti

* 25. September 1930
in Biella

Er erbte ein Stofffabrik und

gründete

1967

das Label

Cerruti 1881.

Seine erste Boutique war auf der Place de la Madeleine in Paris.

Cerruti ließ männliche und weibliche Mannequins gemeinsam laufen.

Er stattete zahlreiche Filmstars aus, darunter Kathleen Turner in ***Auf der Jagd nach dem grünen Juwel*** und Jack Nicholson in ***Die Hexen von Eastwick***.

Laura Biagiotti

* 4. August 1943 in Rom
† 26. Mai 2017 in Rom

Sie wollte ursprünglich Archäologin werden, brach aber ihr Studium ab, um in der Schneiderei ihrer Mutter zu arbeiten. Biagiotti war in den

1970er-

Jahren einer der **bekanntesten Namen Europas.** Durch ihre femininen Kaschmirkollektionen nannte man sie die Queen of Cashmere.

Sie entwickelte zahlreiche Düfte, darunter das bekannte Parfum Roma.

Valentino, eigentlich Valentino Garavani

* 11. Mai 1932 in Voghera

Er gewann ein Stipendium der Haute-Couture-Gewerkschaft in Paris und arbeitete für

Guy Laroche.

Valentino wurde vor allem durch seinen Abendroben berühmt.

Elizabeth Taylor

war eine seiner ersten Kundinnen. Er designte das **Hochzeitskleid von Jaqueline Kennedy** für die Hochzeit mit Aristoteles Onassis.

Seine Lieblingsfarben: Schwarz, Weiß, Rot.

Er spielte sich selbst im Film ***Der Teufel trägt Prada***.

GROSSE MODEMARKEN

Benetton

1965 in

Ponzano Veneto gegründet

Ca. 5000 Geschäfte

Die erste Filiale im Ausland wurde in Paris eröffnet.

Formel-1-Sponsor

Prada

1913 gegründet

Erster Shop in der

Galleria Vittorio Emanuele II in Mailand

Prada begann mit exklusiven Lederwaren (Taschen, Koffer, Handschuhe) und erweiterte dann auf Mode.

Gucci

1921 in Florenz gegründet

Bekanntes Design:
Tasche mit Bambusgriff
Tom Ford designte für Gucci.

Missoni

1953

in Sumirago gegründet
Missoni ist bekannt für Strickwaren. Ursprünglich stellte das Unternehmen Sportbekleidung her.
Markenzeichen:
Zickzackmuster

Fendi

1925

in Rom gegründet
Fendi war ursprünglich eine Handelsfirma für Pelzwaren.
ca. 200 Shops

Karl Lagerfeld ist Chefdesigner der Fendi-Damen-kollektion.

Max Mara

1947

Max Mara wurde als
Confezione Maramotti
in Reggio Emilia gegründet und erst später in Max Mara umbenannt.
über 2000 Shops weltweit

Weitere Marken des Konzerns:

Weekend Max Mara, Sportmax, Persona, Maria Rinaldi

Max Mara ist bekannt für seine Mäntel.

SCHUHE

Tod's

gegründet

um 1900

Markenzeichen:

Mokassin mit Noppen auf der Sohle (genau 133)

Fiat-Erbe Giovanni Agnelli trug in den 1980er-Jahren Tod's-Schuhe und Prinzessin Diana an ihrem Todestag eine Tod's-Handtasche.

Fratelli Rosetti

gegründet 1953

in Parabiago

Die Brüder stellten ursprünglich Schuhe für Radfahrer her.

Sie ließen von großen Modeschöpfern Modelle mit ungewöhnlichen Materialien entwerfen.

Ferragamo

wurde in den

1920er-Jahren

von Salvatore Ferragamo

gegründet.

Ferragamo war der Vater des

Keilabsatzes.

Er entwickelte stahlverstärkte Stilettos.

Er entwarf in den

1950er-Jahren

Ballerinaschuhe für Audrey Hepburn.

Zu seinen bekanntesten Designs gehören die Pumps

für Marilyn Monroe mit 11 cm hohem Absatz.

Marlene Dietrich, Greta Garbo und Gloria Swanson trugen sein Schuhe.

FESTIVALS IN ITALIEN

Rossini Opera Festival
Pesaro
1980

gegründet in Rossinis Geburtsstadt. Es werden Rossini und Zeitgenossen gespielt.

Ravenna Festival

Musikfestival mit Oper, Tanz, Jazz, Film

1990

von Ricardo Mutis Frau Maria Cristina Mazzavilani gegründet

Macerata Opera Festival
1921

Bei diesem Festival wurde zum ersten Mal eine Oper aufgeführt.

Mercato del Bianco Tartufo di San Miniato

Messe zum Verkauf der weißen Trüffel

Sie findet an drei Wochenenden im November in San Miniato statt.

Opernfreilichtbühne Sferisterio

Die Vorstellungen beginnen nach 21:00 Uhr, damit die Besucher den Sonnenuntergang genießen können.

Biennale von Venedig **Seit 1895**

alle zwei Jahre abgehaltene

Schau der Bildenden Künste

Die Biennale findet in den Giardini im Stadtteil Castello statt und ist 1999 um das Arsenale erweitert worden.

Filmfestspiele von Venedig **seit 1932**

sind ebenfalls ein Bestandteil der Biennale

Carnevale di Venezia

bekanntester italienischer Karneval

10 Tage vor Aschermittwoch:

Der **Volo di Angelo** (Engelsflug) findet auf dem Markusplatz statt.

Der Karneval dauert bis Aschermittwoch.

Fellinis Film *Casanova* (1976) belebte den Karneval wieder.

Faschingssonntag:
Kostümparade und Prämierung der besten Masken

UNIVERSITÄTEN

Universität Bologna

älteste Universität Europas

1088

als Schule des Rechts gegründet. Sie erhielt unter

Friedrich Barbarossa

das Scholarenprivileg (*authentica habita*).

Universität Il Bo Padua

1222

als Schule des Rechts gegründet, dann kamen die Freien Künste dazu. Padua gewährte Professoren und Studenten, die Bologna im Streit verlassen hatten, Zuflucht.

Galileo Galilei lehrte hier im

16. Jahrhundert.

Universität Federico II Neapel

1224

von Kaiser Friedrich II. gegründet
Sie war die erste Universität, an der ohne päpstliche Bulle gelehrt wurde.

Universität La Sapienza, Rom

Die größte Universität Europas war ursprünglich eine **päpstliche Universität.** Sie wurde

1303

von

Papst Bonifatius VIII.

mit der Bulle *In suprema praeminentia dignitis* gegründet.

Universität Florenz

1321

gegründet
Einer der ersten Lehrenden war

Giovanni Boccaccio,

er hielt Vorlesungen über Dantes Göttliche Komödie.

Universität Pisa

1343

gegründet
Die verschiedenen Studienrichtungen wechselten mit Florenz.

Universtät Catania

1434

gegründet
Sie ist die älteste Universität Siziliens. Die Universität hieß anfänglich

Siculorum Gymnasium.

DIE 15 MEIST-BESUCHTEN MUSEEN

1 Vatikanische Museen, Vatikanstadt
4 310 083

2 Ausgrabungsstätten von Pompeji, Pompeji
2 571 725

3 Uffizien und Vasarianischer Korridor, Florenz
1 615 939

4 Dogenpalast, Venedig
1 466 898

5 Aquarium Genua, Genua
1 352 000

6 Galleria dell'Accademia, Florenz
1 286 722

7 Santa Croce, Florenz
927 976

8 Bioparco, Rom
898 806

9 Museo del Risorgimento, Rom
880 000

10 Nationalmuseum der Engelsburg, Rom
843 792

11 Archäologischer Park Agrigent und Tal der Tempel, Agrigent
663 889

12 Archäologischer Park Neapolis und Ohr des Dionysios, Syrakus
591 793

13 Markusdom, Venedig
551 000

14 Nationales Kinomuseum, Turin
526 811

15 Kapitolinische Museen, Rom
516 420

MICHELANGELO

eigentlich Michelangelo di Lodovico Buonarotti Simoni

* 6. März 1475 in Caprese
† 18. Februar 1564 in Rom

Künstler der Hochrenaissance

Michelangelo wollte
schon als Kind Künstler werden.

Sein Gesicht war durch einen Faustschlag
entstellt und er litt unter seinem Äußeren.

Michelangelo sah sich
selbst als Bildhauer! Er signierte
Briefe mit

Michelagniolo, sculptore.

Statue des David

Das Original befindet sich heute in der **Galleria dell'Accademia** in Florenz.

5,17 m hoch

Die Statue entstand aus einem einzigen Block weißen Carrara-Marmors.

Gewicht:

ca. 6 Tonnen

LEONARDO DA VINCI

eigentlich Leonardo di ser Piero

* 5. April 1452 in Anchiano bei Vinci, daher
»da Vinci« (aus Vinci)
† 2. Mai 1519 in Amboise

Er gilt bis heute als berühmtestes Universalgenie.
Da Vinci

lernte bei Andrea del Verrocchio,

einem bedeutenden Bildhauer in Florenz.

Er führte Tage- und

Skizzenbücher.

Das Abendmahl **(*Il Cenacolo*)**
wurde im Auftrag von Ludovico Sforza
für die Santa Maria della Grazie
in Mailand gemalt.

Tempura-Malerei auf getrockneter Gipswand

Mönche schnitten einen Teil des Gemäldes ab, um eine Tür einzubauen.

Mona Lisa

Das Gemälde zeigt möglicherweise

Mona Lisa del Giocondo.

Da Vinci behielt das Bild immer bei sich. **Die *Mona Lisa* befindet sich heute im Louvre in Paris,** seit einem Anschlag hinter Panzerglas geschützt.

Bekannt ist da Vinci für seine Studien der Körperproportionen:

Der vitruvianische Mensch, Proportionsstudie nach Vitruv, **1492**

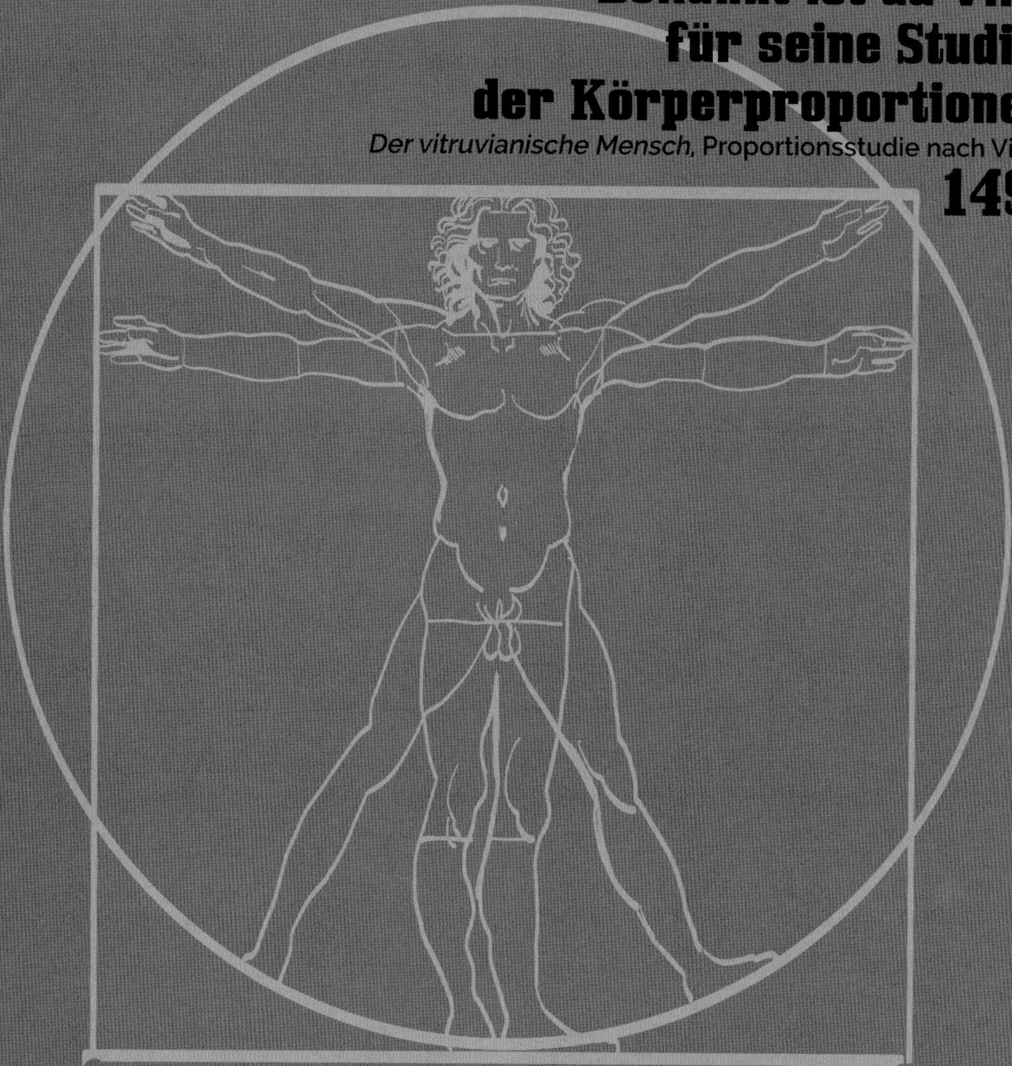

BILDHAUER

Donatello

eigentlich Donato di Niccolò di Betto Bardi

*** um 1386 in Florenz**

† 13. Dezember 1466 in Florenz

Bildhauer und Medailleur

Berühmtestes Werk:

Davidstatue – die erste plastische Aktdarstellung seit der Antike zeigt einen jungen David mit modischem Hut, dessen Fuß anmutig auf dem Kopf des Goliath ruht.

Gian/ Giovanni Lorenzo Bernini

7. Dezember 1598 in Neapel

† 28. November 1680 in Rom

Bernini war einer der bedeutendsten italienischen Bildhauer und Architekten des Barock. Er erbaute die Kolonnaden auf dem Petersplatz und den **Vierströmebrunnen** auf der Piazza Navona in Rom.

Selbstporträt Canovas (1792)

Antonio Canova

*** 1. November 1757 in Possagno**
† 13. Oktober 1822 in Venedig

Er war einer der Hauptvertreter des italienischen Klassizismus.
Canova führte zahlreiche Auftragsarbeiten für venezianische Patrizier durch, darunter die berühmte Skulptur ***Orpheus und Eurydike*** (1776).

Sein **Grabmal** befindet sich in der Santa Maria Gloriosa dei Frari in Venedig.

MALER

Giotto di Bondone

* 1266 in Vespignano
† 8. Januar 1337 in Florenz

Wegbereiter des Rinascimento

(italienische Renaissance) und der toskanischen Freskomalerei.

Hauptwerk:

Freskenzyklus in Assisi

in der Cappella degli Scrovegni
Der Zyklus umfasst mehr als 100 Szenen aus dem Leben Mariä und Jesu sowie die Passionsgeschichte.

Sandro Botticelli

eigentlich Alessandro di Mariano Filipepi

* 1. März 1445 in Florenz
† 17. Mai 1510 in Florenz

Vertreter der Frührenaissance und des Humanismus

Bekannte Werke:
La nascità di Venere (*Die Geburt der Venus*), *Primavera* (*Frühling*), Fresken in der Sixtinischen Kapelle

Raffael

eigentlich Raffaello Sanzio da Urbino

* 6. April oder 28. März 1483 in Urbino
† 6. April 1520 in Rom

Maler und Architekt der Hochrenaissance

Berühmteste Werke: *Die Schule von Athen, die Sixtinische Madonna*

Raffael wurde im Pantheon in einem antiken Sarkophag bestattet.

Jacopo Tintoretto

(Tintoretto = Färberlein, nach dem Beruf seines Vaters)

eigentlich Jacopo Robust

*** 29. September 1518 in Venedig**
† 31. Mai 1594 in Venedig
Berühmte Werke: *Susanna im Bade, Auferweckung des Lazarus*
Tintoretto schuf zudem zahlreiche Gemälde für den Dogenpalast, darunter das *Paradies*, das größte Tafelbild der Welt.

Michelangelo Merisi da Caravaggio

*** 29. September 1571 in Mailand**
† 18. Juli 1610 in Porto Ercole

Frühbarocker Maler

Er ist bekannt für seine **neuartige und realistische Bildgestaltung**, für die **Chiaroscuro-Malerei (Hell-Dunkel-Malerei)** sowie die Entwicklung des **Tenebrismo**, eine besonders dramatische Form des Chiaroscuro, bei der gerichtetes Licht eingesetzt wird, um die Figuren aus der Umgebung herauszuheben.
Bedeutende Werke: *Berufung des Hl. Matthäus*

Tizian

eigentlich Tiziano Vecellio

*** um 1477 oder 1490, wahrscheinlicher jedoch zwischen 1488 und 1490 in Pieve di Cadore**
† 27. August 1576 in Venedig
Hauptmeister der italienischen Renaissance

Mit 646 Werken

war Tizian einer der produktivsten italienischen Maler seiner Zeit.
Er ist bekannt für sein Rot.
Bekannteste Werke: *Assunta* (Maria Himmelfahrt in der Frari Kirche in Venedig), *Himmlische und irdische Liebe, Venus von Urbino, Toilette der Venus*

Giovanni Battista Tiepolo

*** 5. März 1696 in Venedig**
† 27. März 1770 in Madrid
bedeutender venezianischer Maler des Barock und des Rokoko
Bedeutende Werke: Freskenzyklus im Palazzo Labia in Venedig, Treppenhaus der Würzburger Residenz

MUSIK

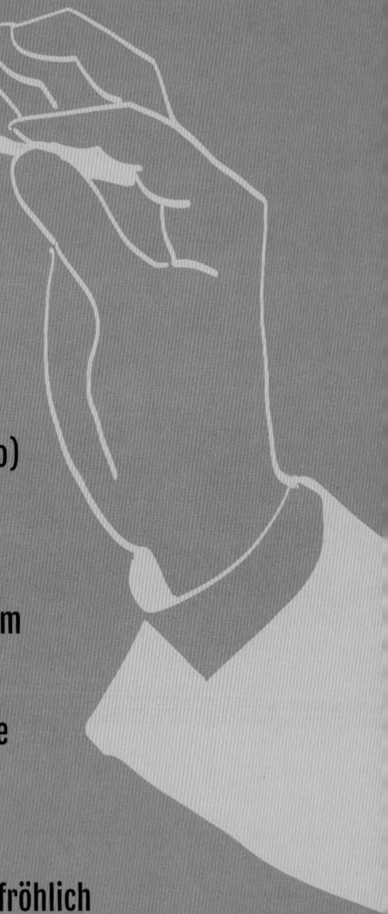

Tempobezeichnungen

Larghissimo	sehr breit
Grave	schwer
Largo	breit, langsam
Larghetto	etwas breit (schneller als Largo)
Lento	langsam
Adagio	langsam, ruhig
Adagietto	ziemlich ruhig, ziemlich langsam
Andante	gehend, schreitend
Andantino	ein wenig schneller als Andante
Moderato	mäßig
Allegretto	etwas langsamer als Allegro
Allegro	schnell, ursprünglich munter, fröhlich
Vivace, vivo	lebhaft, lebendig
Vivacissimo	sehr lebhaft, sehr lebendig
Presto	sehr schnell, geschwind
Prestissimo	äußerst schnell

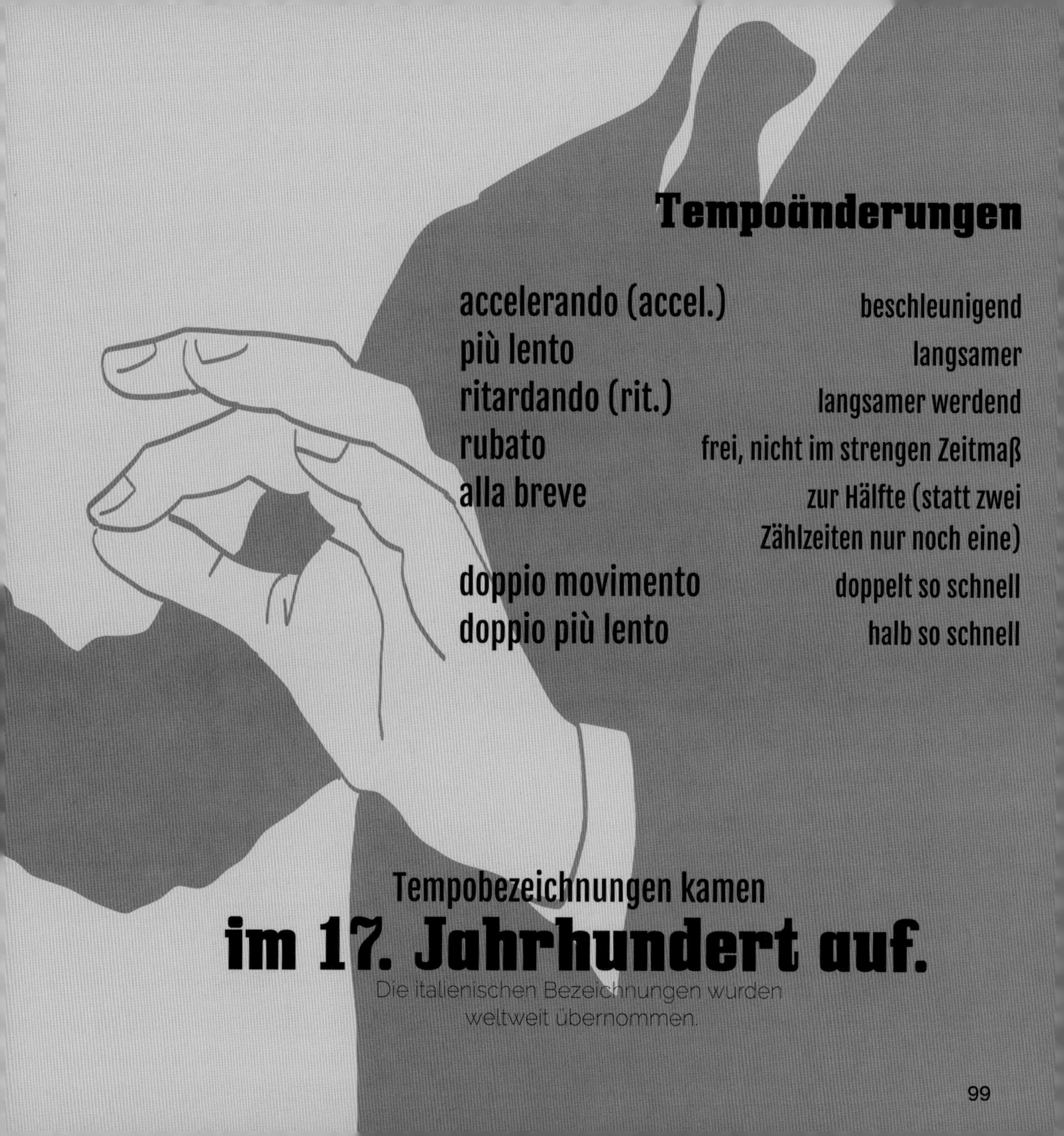

Tempoänderungen

accelerando (accel.)	beschleunigend
più lento	langsamer
ritardando (rit.)	langsamer werdend
rubato	frei, nicht im strengen Zeitmaß
alla breve	zur Hälfte (statt zwei Zählzeiten nur noch eine)
doppio movimento	doppelt so schnell
doppio più lento	halb so schnell

Tempobezeichnungen kamen

im 17. Jahrhundert auf.

Die italienischen Bezeichnungen wurden weltweit übernommen.

GEIGEN AUS CREMONA

Andrea Amati

*** um 1505 in Cremona**
† im Dezember 1577 in Cremona

Andrea Amati ist Vater einer echten **Geigenbauerdynastie**: Seine zwei Söhne **Antonio** und **Girolamo**, sein Enkel **Nicola** und sein Urenkel **Girolamo** waren alle Geigenbauer. Amati beeinflusste die Entwicklung der Geige maßgeblich.

13 von ihm gefertigte Violinen sind noch erhalten.

Guarnieri del Gèsu

*** 21. August 1698 in Cremona**
† 17. Oktober 1744 in Cremona

Auf seinen Geigenzetteln fügte er ein Kreuz sowie die Aufschrift IHS (Christusmonogramm) an – daher der Beiname del Gèsu.

Ca. 150–200 Guarnieri-Violinen sind heute erhalten.

Antonio Stradivari

* um 1644–1648
† 18. Dezember 1737 in Cremona

Stradivari-Geigen sind heute weltweit die wertvollsten Instrumente. Ihr Klang wird als besonders angenehm empfunden.

Ca. 620 Geigen
sind noch erhalten.

KOMPONISTEN

Claudio Monteverdi

* 1567 in Cremona
† 29. November 1643 in Venedig

Monteverdi führte die Oper zu ihrem ersten Höhepunkt. Nur drei seiner Opern sind erhalten:

L'Orfeo
L'Incoronazione di Poppea
Il ritorno d'Ulisse in patria

Antonio Vivaldi

* 4. März 1678 in Venedig
† 28. Juli 1741 in Wien

Vivaldi spielte selbst ausgezeichnet Geige.

Ca. 500 seiner Konzerte

sind überliefert.

Luigi Nono

* 29. Januar 1924 in Venedig

† 8. Mai 1990 in Venedig

Er war mit Arnold Schönbergs Tochter Nuria verheiratet.

Nono ist auf San Michele, Venedigs Friedhofsinsel, begraben. Er komponierte serielle und experimentelle Musik.

Domenico Scarlatti

*** 26. Oktober 1685 in Neapel**

† 23. Juli 1757 in Madrid

Scarlatti war auch Cembalist. Er ist bekannt für seine technisch schwierigen Sprünge – etwa das **Überkreuzen der Hände beim Spiel**.

VERDI

Giuseppe Fortunino Franscesco Verdi

* 9. oder 10. Oktober 1813 in Roncole
† 27. Januar 1901 in Mailand

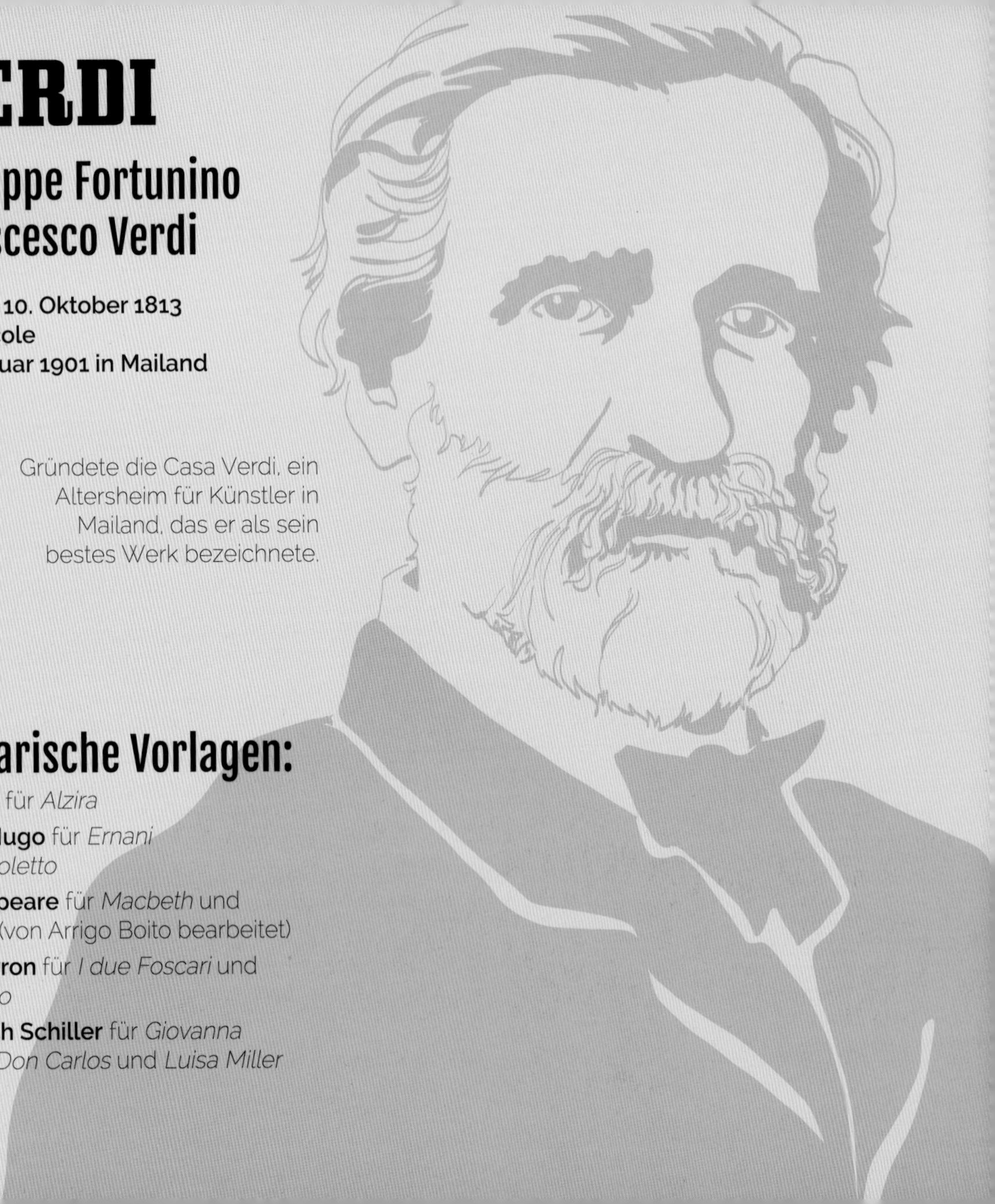

Gründete die Casa Verdi, ein Altersheim für Künstler in Mailand, das er als sein bestes Werk bezeichnete.

Literarische Vorlagen:

Voltaire für *Alzira*

Victor Hugo für *Ernani* und *Rigoletto*

Shakespeare für *Macbeth* und *Othello* (von Arrigo Boito bearbeitet)

Lord Byron für *I due Foscari* und *Il corsaro*

Friedrich Schiller für *Giovanna d'Arco*, *Don Carlos* und *Luisa Miller*

Verdis Opern

Oberto conte di San Bonifacio
Un giorno di regno, ossia Il finto Stanislao
Nabucco
I Lombardi alla prima crociata
Ernani
I due Foscari
Giovanna d'Arco
Alzira
Attila
Macbeth
I masnadieri
Jérusalem
Il corsaro
La battaglia di Legnano
Luisa Miller
Stiffelio
Rigoletto
Il trovatore
La traviata
Les vêpres siciliennes
Simon Boccanegra
Aroldo
Un ballo in maschera
La forza del destino
Macbeth
Don Carlos
La forza del destino
Aida
Simon Boccanegra
Don Carlos
Otello
Falstaff

OPERN-KOMPONISTEN

Gioachino Antonio Rossini

* 29. Februar 1792 in Pesaro
† 13. November 1868 in Paris-Passy

Er gilt als einer der Meister des **Belcanto** (Schöngesang). Rossini leitete die beiden Opernhäuser in Neapel, war ab

1824

Leiter der italienischen Oper in Paris und später auch königlicher Hofkomponist und Generalinspektor des Gesanges. Rossini komponierte sehr schnell und verwendete eigene Kompositionen in seinen Werken mehrmals.

Antonio Salieri

*18. August 1750 in Legnago
† 7. Mai 1825 in Wien

Gegenspieler Mozarts

Gesangslehrer – er bildete Catarina Cavalieri aus (die erste Constanze in der *Entführung aus dem Serail* von Mozart).
Er wurde auch mit dem vermeintlichen Mord an Mozart gerüchteweise in Verbindung gebracht.

Salieri schrieb mehr als 50 Opern.

Tournedos alla Rossini

Rindersteak mit Gänseleber, nach ihm benannt

L'italiana in Algier (*Die Italienerin in Algier*) 1813
Il barbiere di Siviglia (*Der Barbier von Sevilla*) 1816
La Cenerentola, ossia La bontà in trionfo (*Aschenputtel*) 1817
La gazza ladra (*Die diebische Elster*) 1817
Il viaggio a Reims, ossia L'albergo del giglio d'oro (*Die Reise nach Reims*) 1825
Guillaume Tell (*Wilhelm Tell*) 1829

Giacomo Antonio Domenico Michele Secondo Maria Puccini

***22. Dezember 1858**
in Lucca
† 29. November 1924
in Brüssel

Puccini kam aus einer Musikerfamilie, liebte schnelle Autos und war einer der ersten Opfer eines Autounfalls. Puccini war starker Raucher.
Le Villi (1884) war seine erste, ***Turandot*** seine letzte Oper, die er unvollendet hinterließ.

La Bohème 1896
Tosca 1900
Madama Butterfly 1904
Il trittico 1918
Drei Einakter:
Il tabarro (*Der Mantel*)
Suor Angelica (*Schwester Angelica*)
Gianni Schicchi

Vincenzo Salvatore Carmelo Francesco Bellini

*** 3. November 1801**
in Catania
† 23. September 1835
in Puteaux

Bellini starb mit 34 Jahren, im selben Alter wie Mozart.
Seine letzte Oper
I puritani wurde 1835 in Paris uraufgeführt.
Er wurde auf dem Friedhof Père Lachaise begraben.

La Straniera 1829
Zaira (nach Voltaire) 1829
I Capuleti e i Montecchi (nach Shakespeares Romeo und Julia) 1830
La Sonnambula 1831
Norma 1831

Domenico Gaetano Maria Donizetti

*** 29. November 1797**
in Bergamo
† 8. April 1848 in Bergamo

Rivale Bellinis und Vorläufer Verdis
Er verbot seinen Eltern, bei seinen Premieren anwesend zu sein.
Donizetti erkrankte an Syphilis und verbrachte einige Zeit im Irrenhaus von Ivry-sur-Seine.
Er schrieb insgesamt 71 Opern.

Anna Bolena 1830
L'elisir d'amore 1832
Lucia di Lammermoor 1835
La Fille du Régiment 1840
Don Pasquale 1843

LORENZO DA PONTE

* 10. März 1749 in Ceneda
† 17. August 1838 in New York

Lorenzo da Ponte hieß ursprünglich
Emmanuele Conegliano,
er wurde nach seiner Konvertierung
zum Katholizismus vom
Bischof Da Ponte
von Ceneda adoptiert.

Da Ponte war geweihter Priester.

Salieri
verschaffte ihm eine Stelle
als Textdichter am
Wiener Hof.
Er ging nach Schwierigkeiten mit
seinen Gläubigern nach Amerika
und arbeitete als Gemüse- und
Tabakhändler und später als
Professor für italienische
Literatur in New York.

1825
brachte er *Don Giovanni* zur amerikanischen Uraufführung.

Seine bekanntesten Libretti:

Mozart, *Il nozze di figaro* 1786,
basierend auf *La journée folle* von Beaumarchais

Mozart, *Don Giovanni,* 1787
nach der Vorlage Giuseppe Gazzanigas

Mozart, *Così fan tutte,* 1789
Das Libretto wurde als unmoralisch empfunden.

Mozart, *Davide Penitente,* 1785

Gluck, *Ifigenia en Tauride,* 1783
italienische Übersetzung der französischen Fassung

OPERNSÄNGER

Enrico Caruso eigentlich Errico Caruso

*** 25. Februar 1873 in Neapel**
† 2. August 1921 in Neapel
Caruso gilt als der größte Tenor aller Zeiten.
Er ist bekannt für seine Interpretation des **Canio** in Leoncavallos ***Pagliacci***.

Beniamino Gigli

*** 20. März 1890 in Recanati**
† 30. November 1957 in Rom
Er galt als Nachfolger von Caruso und spielte in zahlreichen Filmen mit.

Er ist berühmt für seine Interpretation des Rudolfo in Puccinis *La Bohème*.

Luciano Pavarotti

*** 12. Oktober 1935 in Modena**
† 6. September 2007 in Modena
Pavarotti war ein weltberühmter C-Tenor: durch **Die Drei Tenöre** mit Placido Domingo und José Carreras und seine Einspielungen mit Popstars wie Sting, Zucchero und anderen unter dem Titel **Pavarotti and Friends**.
Frenis erster Ehemann Leone Magiera leitete die Vorstellung, in der Pavarotti als Rudolfo debütierte.

Joan Sutherland und Richard Bonynge waren seine Förderer.

Das Konzert der Drei Tenöre anlässlich der Fußball-WM 1990 in den römischen Caracalla-Thermen erreichte ca. 1 Milliarde Fernsehzuschauer.

Mirella Freni, eigentlich Mirella Fregni

*** 27. Februar 1935 in Modena**
Freni ist eine der universellsten Sängerinnen ihrer Zeit. Sie ist bekannt für ihre Verdi-Interpretationen. Sie wurde von Karajan gefördert. Vor allem bekannt ist sie für ihre Interpretationen der Violetta (*La Traviata*), der Mimi (*La Boheme*) und der Micaëla (*Carmen*).
Sie war oftmalige Partnerin von Luciano Pavarotti und kommentierte die Live-Übertragung seines Begräbnisses.

Giuseppe Di Stefano

* 24. Juli 1921
in Motta Sant'Anastasia
† 3. März 2008
in Santa Maria Hoè

Di Stefano sang an allen großen Opernhäusern der Welt und war ein häufiger **Partner von Maria Callas.**
Er hatte **in den 1960er-Jahren erste Stimmprobleme** und wurde dann vom Nachwuchssänger Luciano Pavarotti ersetzt. **Di Stefano** widmete sich mit großem Erfolg dem Belcanto und der italienischen Oper, war aber auch im neapoletanischen Volkslied zu Hause. Er starb an einer Kopfverletzung, die ihm in Afrika bei einem Überfall auf sein Haus zugefügt wurde.

Renata Scotto

* 27. Februar 1935
in Modena

Scotto sang viele Belcanto-Partien.
Ihre Glanzrolle war die **Cio-Cio-San** (*Madame Butterfly*).
Ihre größte Konkurrentin war Mirella Freni, daher verlagerte Scotto ihre Karriere nach Amerika.
Sie arbeitete auch als Opernregisseurin.

Das Traumpaar Mario del Monaco und Renata Tebaldi

Monaco: * 27. Juli 1915
in Florenz
† 16. Oktober 1982
in Venedig
Tebaldi: * 1. Februar 1922
in Pesaro
† 19. Dezember 2004
in San Marino

Die beiden nahmen gemeinsam 14 Gesamtaufnahmen italienischer Opern auf.

Tebaldi wurde »die Engelsstimme« genannt.

Ihre große Konkurrentin war Maria Callas. »Die Tigerin gegen den Engel« – unter diesem Titel wurden zahlreiche Pressegeschichten lanciert.

Mario del Monaco wurde in seinem Bühnenkostüm aus *Othello* begraben.

OPERNHÄUSER

Teatro alla Scala, Mailand

2000 Sitzplätze

Die Scala wurde von der österreichischen Kaiserin Maria Theresia in Auftrag gegeben: Zahlreiche Uraufführungen von Opern fanden hier statt.
Die Aufführungen beginnen immer pünktlich – darauf wird extra hingewiesen.

Arena di Verona Römisches Amphitheater

Ca. 22 000 Plätze

Freiluftaufführungen
Zuschauerplätze am »Stein«:
45 m hohe Tribüne mit Steinstufen
Sie dienen als Sitzbänke.
Das Werfen von Kissen ist verboten.

Gran Teatro La Fenice, Venedig

Das Theater wurde

Ende des 18. Jahrhunderts

von Gian Antonio Selva erbaut.
La Fenice wurde nach dem Brand des Teatro San Benedetto errichtet – daher der Name La Fenice (Phönix).
Hier wurde Wagners Ring nach seinem Tod zum ersten Mal in Italien aufgeführt.

Teatro Massimo Bellini in Catania

Erbaut von Andrea Scala und Carlo Sada

1890 eröffnet mit Bellinis *Norma*.

Die Statue Bellinis steht im Ridotto (Marmorfoyer).

Accademia Nazionale di Santa Cecilia, Rom

Standort: Auditorium Parco della Musica

Die Accademia wurde von Papst Sixtus V. 1585 gegründet

und ist eine der ältesten Musikeinrichtungen der Welt.
Neben vielen anderen **studierten hier** Ennio Morricone, Beniamino Gigli und Cecilia Bartoli.

Teatro Regio, Parma

Das Theater wurde im

19. Jahrhundert im Auftrag von Marie-Louise von Österreich erbaut. Eröffnet wurde es mit einer Oper Bellinis.

CANTAUTORI

Paolo Conte

*** 6. Januar 1937 in Asti**
Sein Durchbruch als Komponist und Autor erfolgte, als Adriano Celentano die von ihm geschriebenen Lieder *Azzurro* und *La Coppia più bella del mondo* interpretierte.
Er sang erstmals selbst auf seinem 1974 erschienenem Debütalbum *Paolo Conte*.
Conte ist bekannt für Titel wie *Onda su Onda* und *Una giornata al mare*.
Er ist besonders beliebt in Frankreich: Bei 5 Tourneen spielte er im Saal der Chansonbühne Olympia in Paris 3 Wochen lang vor vollem Haus.

Lucio Dalla

*** 4. März 1943 in Bologna**
† 1. März 2012 in Montreux
Er ist bekannt für seine kritischen und poetischen Texte. Sein Durchbruch erfolgte 1971 mit

4 marzo 1943.

Bekanntester Titel: *Caruso*, eine Hommage an Enrico Caruso.
Die Versionen von Luciano Pavarotti und Andrea Bocelli verkauften sich millionenfach.

Zucchero
eigentlich Adelmo Fornaciari

*** 25. September 1955 in Roncocesi**

Er hatte seinen Durchbruch mit dem heute meistverkauften Album in der italienischen Geschichte:

Oro incenso e birra.

Er sang Duette mit Miles Davis, Paul Young, Sheryl Crow, The Cranberries, B. B. King, Sting für das Album *ZU & Co*.

Bekanntester Song: *Senza una donna* (1991), gesungen mit Paul Young

Toto Cutugno
eigentlich Salvatore Cutugno

*** 7. Juli 1943 in Fosdinovo**

Songschreiber unter anderem für **Adriano Celentano, Dalida, Mireille Mathieu, Johnny Hallyday** und **Joe Dassin**

Er gewann 1980
mit dem Titel *Solo noi* das Sanremo-Festival.

Sein Titel *Insieme: 1992* gewann 1990 den Eurovision Song Contest.

Roberto Murolo

*** 19. Januar 1912 in Neapel**
13. März 2003 in Neapel

Er gilt als Vater der Canzone Napoletana, der neapolitanischen Volksmusik des 20. Jahrhunderts.

ADRIANO CELENTANO

* 6. Januar 1938 in Mailand
Sänger, Komponist, Schauspieler und Produzent

Über 150 Millionen
verkaufte Alben

La Coppia più bella del mondo

Azzurro

Beide Lieder hat Paolo Conte komponiert.

Una festa sui prati

Non succederà piu

(Duett mit Claudia Mori, seiner Ehefrau)

Celetano begann seine Karriere als Sänger in einer Gruppe mit dem Namen **I Rock Boys.**

In den 1980er-Jahren war er Moderator beim Staatssender RAI. Celentanos politische Aussagen sorgten in Italien für Schlagzeilen.

Filme

La dolce vita (*Das süße Leben*, 1960)

Un strano tipo (*Ein seltsamer Typ*, 1963)

Bluff storia di truffe e di imbroglioni (*Bluff*, 1976)

Il bisbetico domato (*Der gezähmte Widerspenstige*, 1980)

Asso (1981)

Innamorato pazzo (*Gib dem Affen Zucker*, 1981)

Bingo Bongo (1982)

INTERPRETEN

Gianna Nannini

*** 14. Juni 1954 in Siena**
Bekannteste Titel:
Latin Lover (1982), *Bello e impossibile* (1986), *Un'estate italiana* (1990, **zusammen mit Edoardo Bennato – offizieller Song der Fußball-Weltmeisterschaft 1990**

Sie erregte Aufsehen mit dem Cover ihres Albums *California* (1979):

Es zeigte die Freiheitsstatue mit einem Vibrator anstelle der Fackel.

Eros Ramazzotti eigentlich Eros Walter Luciano Ramazzotti Molina

*** 28. Oktober 1963 in Rom**
Ramazotti ist einer der populärsten italienischen Künstler mit mehr als

50 Millionen verkauften Platten weltweit.

Berühmteste Songs:
Se bastasse una canzone (1990), *Più bella cosa* (1996)

Ligabue
eigentlich Luciano Ligabue

*** 13. März 1960 in Correggio**
Musiker, Schriftsteller, Regisseur
Er gab am **10. September 2005 in Reggio nell'Emilia das größte** Solo-Konzert, das je in Europa stattgefunden hat – mit mehr als

180 000 Fans.

Bekannteste Titel:
Ho perso le parole (1998), *Eri bellissima* (2002), *Certe notti* (1995)

Nek
eigentlich
Filippo Neviani

*** 6. Januar 1972 in Sassuolo**
Bekanntester Titel:
Laura non c'è (1996)

Laura Pausini,
eigentlich Laura
Alice Rossella Pausini

*** 16. Mai 1974 in Faenza**
erste italienische Künstlerin, die einen Grammy gewann
Bekannte Songs:
La solitudine (1993), *Strani amori* (1994), *Invece no* (2008)

Vasco Rossi

*** 7. Februar 1952 in Zocca**
Bekannteste Titel:
Albachiara (1979), *Ogni volta* (1982), *Senza parole* (1994)

ENNIO MORRICONE

* 10. November 1928 in Rom

Komponist und Dirigent

Pseudonyme:

Dan Savio, Leo Nichols

Er schrieb die Musik für mehr als

500 Filme,

darunter

Il buono, il brutto, il cattivo und

Spiel mir das Lied vom Tod.

Morricone
arbeitete mit Sergio Leone,
dem Regisseur der Italo-Western, zusammen.

Morricone gewann zahlreiche
Grammys
und erhielt
2007 den Oscar
für sein Lebenswerk sowie
2016 für *The Hateful Eight*.

Er verkaufte mehr als
50 Millionen
Alben.

CANZONE NAPOLETANA

Lieder im neapoletanischen Dialekt, basierend auf neapoletanischer Volksmusik

Instrumente:

Gitarre, Mandoline, Triccheballacche

(neapoletanisches Perkussionsinstrument)

Bekannte Neapolitanische Lieder

Ti voglio bene – Filippo Campanella und Raffaele Sacco

Santa Lucia – Teodoro Cottrau und Enrico Cossovich

Funiculì, Funiculà – Luigi Denza
Text: Peppino Turco

Marechiare – Francesco Paolo Tosti
Text: Salvatore Di Giacomo

La vucchella – Francesco Paolo Tosti
Text: Gabriele D'Annunzio

'O sole mio – Eduardo Di Capua
Text: Giovanni Capurro

Berühmte Interpreten:

Enrico Caruso
Giuseppe di Stefano
Luciano Pavarotti
Roberto Murolo
Tito Schipa

Tarantella

schnelle Tanzmusik
im 3/8- oder 6/8-Takt

DON CAMILLO & PEPPONE

Don Camillo und Peppone sind die Hauptfiguren vieler Erzählungen und mehrerer Romane von **Giovannino Guareschi.** Guareschi ist wie Verdi in Roncole geboren.

Inhalt:

Don Camillo (Priester) und sein Widerpart Peppone (Guiseppe Bottazzzi, kommunistischer Bürgermeister) treffen im kleinen Dorf Boscaccio kurz nach dem Zweiten Weltkrieg aufeinander und konkurrieren um die sozialen Lösungen im ländlichen Italien der Nachkriegszeit.

Die bekanntesten Filme der Reihe entstanden zwischen

1952 und 1965

in Brescello mit

Fernandel

(Fernand Joseph Désiré Contandin) als Don Camillo und

Gino Cervi

als Peppone.

Insgesamt gibt es 5 veröffentlichte Filme:

Don Camillo (1952)
Il ritorno di don Camillo (1953)
Don Camillo e l'onorevole Peppone (1955)
Don Camillo monsignore … ma non troppo (1961)
Il compagno don Camillo (1965)

Während der Dreharbeiten zum 6. Film –

Don Camillo e i giovani d'oggi –

starb Fernandel,

daher blieb dieser unvollendet.

1983 gab es ein Remake

unter dem Titel *Don Camillo* mit **Terence Hill** in der Hauptrolle.

IL GATTOPARDO

Il Gattopardo (Der Leopard)
ist der einzige Roman des italienischen Schriftstellers
Guiseppe Tomasi di Lampedusa.

Der Roman wurde 1963

von Luchino Visconti verfilmt.
Er gilt als Meisterwerk der Filmgeschichte.

Inhalt:
Der Film handelt vom Untergang des sizilianischen Adels – verkörpert durch Don Fabrizio, Fürst von Salina (trägt einen tanzenden Leoparden im Wappen, daher der Name) – und dem Aufstieg des Bürgertums – verkörpert durch Don Calogero Sedara – in der Zeit des Risorgimento aus der Sicht des Adelsgeschlechts Salina.

Bekannteste Szene:

Die 40-minütige Ballszene

im Palazzo Gangi-Valguernera, bei der Don Fabrizios Neffe Tancredi Falconeri seine zukünftige Ehefrau Angelica, die Tochter von Calogero Sedara, in die Gesellschaft einführt.

Internationale Besetzung:

Burt Lancaster, Alain Delon, Claudia Cardinale, Terence Hill

FILME, DIE IN ITALIEN SPIELEN

Roman Holiday

(*Ein Herz und eine Krone*)
von William Wyler

1953, Rom

mit Audrey Hepburn
und Gregory Peck.
Der Film war für 7 Oscars nominiert.
Hepburn erhielt für die Rolle der Prinzessin Ann einen **Oscar als beste Hauptdarstellerin.**

La dolce vita

(*Das süße Leben*)
von Frederico Fellini

1960, Rom

mit Marcello Mastroianni und Anita Ekberg.
Berühmte Szene:
Ekberg im Trevi-Brunnen

It Started in Naples

(*Es begann in Neapel*)
von Melville Shavelson

1960, Rom, Neapel, Capri

mit Clark Gable,
Sophia Loren,
Vittorio De Sica.

Morte a Venezia

(*Tod in Venedig*)
von Luchino Visconti

1971, Venedig

Verfilmung der bekannten **Novelle von Thomas Mann** durch Luchino Visconti
mit Dirk Bogarde,
Björn Andrésen.

Don't Look Now

(*Wenn die Gondeln Trauer tragen*)
von Nicolas Roeg

1973, Venedig

mit Julie Christie,
Donald Sutherland.
Bekannt für den innovativen Schnitt, die Verwendung von **wiederkehrenden Motiven (roter Mantel),** den perfekt in Szene gesetzten Schauplatz Venedig sowie die kontroverse, explizit gezeigte Sexszene der beiden Hauptdarsteller.

Il Commissario Montalbano

Sizilien

Erfolgreiche Serie nach den Romanen von Andrea Camilleri.

mit Luca Zingaretti,
Katharina Böhm.

1999–2013 wurden **26 Folgen** ausgestrahlt.

Gladiator

von Ridley Scott

2000, altes Rom

mit Russell Crowe,
Joaquin Phoenix.
Mit fünf Oscars prämierter Monumentalfilm.

Illuminati

von Ron Howard

2009, Rom

mit Tom Hanks,
Ewan McGregor.

Nach dem gleichnamigen Bestseller von Dan Brown.

REGISSEURE

Vittorio de Sica

* 7. Juli 1901 in Sora

† 13. November 1974 in Neuilly-sur-Seine

Schauspieler und Filmregisseur des Neoliberalismus

Ladri di biciclette (*Fahrraddiebe*) 1948, *Boccaccio 70* (1962), *Ieri, oggi e domani* (*Gestern, heute und morgen*) 1963

Roberto Rossellini,

eigentlich Roberto Gastone Zeffiro Rossellini

* 8. Mai 1906 in Rom

† 3. Juni 1977 in Rom

Filmregisseur und Wegbereiter des Neoliberalismus

Roma, città aperta (*Rom, offene Stadt*) 1945, *Paisà* 1946, *Stromboli, terra di Dio* (*Stromboli*) 1950

Luchino Visconti,

eigentlich Conte Don Luchino Visconti di Modrone

* 2. November 1906 in Mailand

† 17. März 1976 in Rom

Il Gattopardo (*Der Leopard*) 1963, *La caduta degli dei* (*Die Verdammten*) 1969, *Morte a Venezia* (*Tod in Venedig*) 1971

Federico Fellini

* 20. Januar 1920 in Rimini
† 31. Oktober 1993 in Rom

Drehbuchautor und Regisseur

La strada (*La Strada – Das Lied der Straße*) 1954, *La dolce vita* (*Das süße Leben*) 1960, *Il Casanova di Federico Fellini* (*Fellinis Casanova*) 1976

Pier Paolo Pasolini

* 5. März 1922 in Bologna
† 2. November 1975 in Ostia

Filmregisseur und Dichter

Il Vangelo secondo Matteo (*Das 1. Evangelium – Matthäus*) 1964, *Teorema* (*Teorema – Geometrie der Liebe*) 1968, *Il Decameron* (*Decameron*) 1970

Sergio Leone

* 3. Januar 1929 in Rom
† 30. April 1989 in Rom

Begründer des Italo-Western

Per un pugno di dollari (*Für eine Handvoll Dollar*) 1964, *Il buono, il brutto, il cattivo* (*Zwei glorreiche Halunken*) 1966, *C'era una volta il West* (*Spiel mir das Lied vom Tod*) 1968

ELEONORA DUSE & GABRIELE D'ANNUNZIO

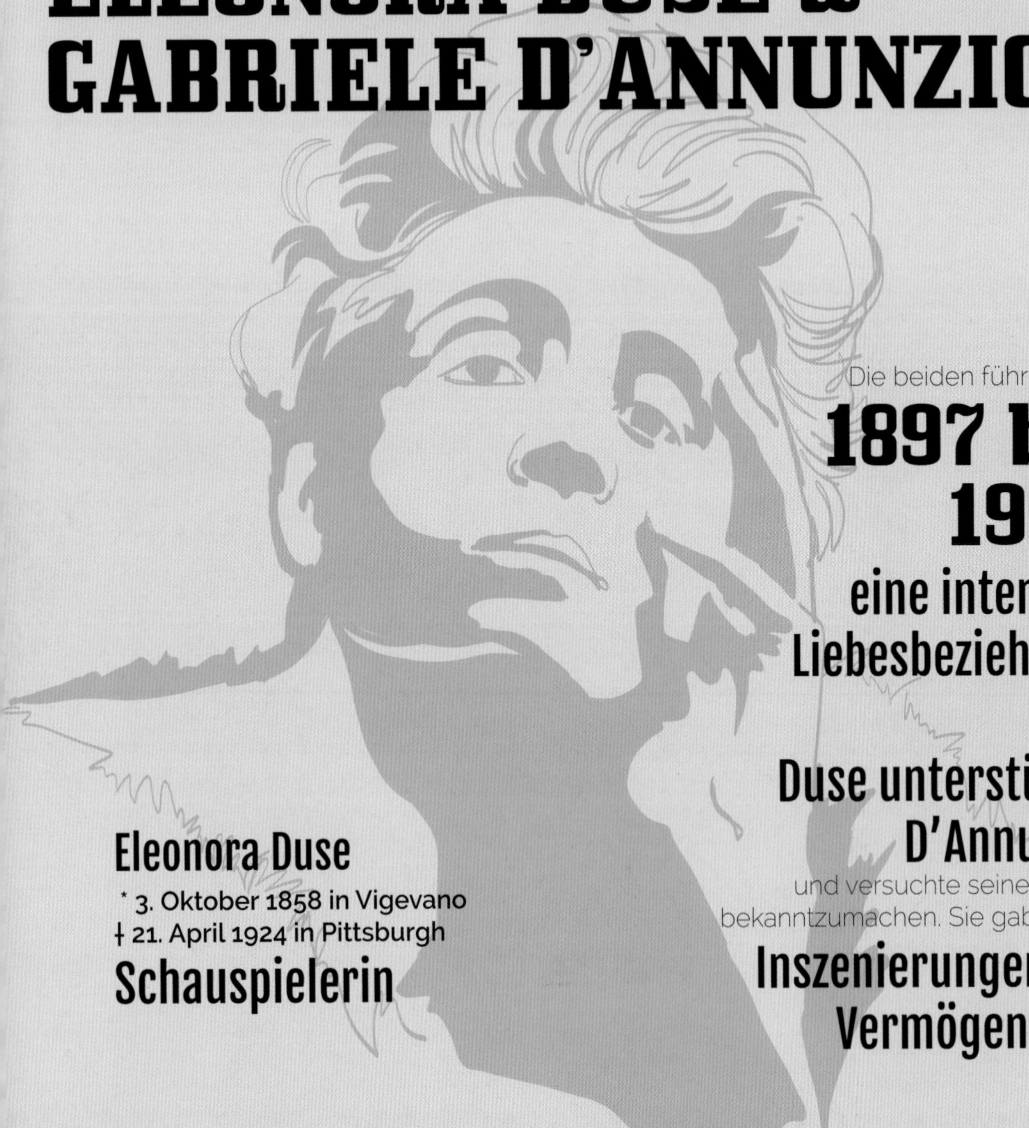

Die beiden führten von

1897 bis 1902

eine intensive Liebesbeziehung.

Duse unterstützte D'Annunzio

und versuchte seine Stücke bekanntzumachen. Sie gab für die

Inszenierungen ein Vermögen aus.

Eleonora Duse

* 3. Oktober 1858 in Vigevano
† 21. April 1924 in Pittsburgh

Schauspielerin

Die Beziehung scheiterte.

D'Annunzio betrog Duse und kompromittierte sie in seinem Werk

Il Fuoco (Das Feuer)

1900,

das von einer alternden Diva und ihren jungen Liebhabern handelt.

Er widmete ihr zahlreiche Stücke, einschließlich der Tragödien

La Gioconda (1898)

und ***Francesca da Rimini*** (1901) –

mit Anspielungen auf ihre gescheiterte Liebe.

Asolo

Eleanore Duse zog sich nach Asolo zurück, hier wurde auch das Theater nach ihr benannt.
Die heutige **Casa Cipriani in Asolo** war das Wohnhaus von Henry James, einem englischen Romancier. Es wurde von Cipriani erworben, dem Besitzer von Harry's Bar in Venedig. Hier wurde das

Carpaccio

erfunden – und wegen seiner roten Farbe nach dem gleichnamigen Maler benannt.

Gabriele D'Annunzio

* 12. März 1863 in Pescara,
† 1. März 1938 in Gardone

Schriftsteller und Dichter des Fin de Siècle

SCHAUSPIELER

Roberto Benigni

*** 27. Oktober 1952 in Manciano la Misericordia**

Regisseur, Schauspieler, Improvisationsdichter. *La vita è bella* (*Das Leben ist schön*, 1997) wurde mit dem Oscar für den besten fremdsprachigen Film sowie für den besten Schauspieler und die beste Filmmusik ausgezeichnet.

Anna Magnani

*** 7. März 1908 in Rom; † 26. September 1973 in Rom**

Sie spielte in *Roma, città aperta* (*Rom, offene Stadt*, 1945) die Rolle der Pina. Sie gewann einen Oskar für die Rolle der Serafina Delle Rose im Filmdrama *The Rose Tattoo* (*Die tätowierte Rose*, 1955).

Silvana Mangano

*** 21. April 1930 in Rom † 16. Dezember 1989 in Madrid**

Riso amaro (*Bitterer Reis*, 1949), *Ulisse* (*Die Fahrten des Odysseus*, 1954), *Morte a Venezia* (*Tod in Venedig*, 1971)

Sophia Loren eigentlich Sofia Villani Scicolone

*** 20. September 1934 in Rom**

Sie erhielt 1971 den Oscar für ihr Lebenswerk. *La ciociara* (*Und dennoch leben sie*, 1960), *Ieri, oggi e domani* (*Gestern, heute und morgen*, 1963), *Matrimonio all'italiana* (*Hochzeit auf italienisch*, 1964)

Luigina »Gina« Lollobrigida

*** 4. Juli 1927 in Subiaco**

Lollobrigada und Loren waren Konkurrentinnen. *Fanfan la Tulipe* (*Fanfan, der Husar*, 1952), *Les Belles de Nuit* (*Die Schönen der Nacht*, 1952), *Solomon and Sheba* (*Salomon und die Königin von Saba*, 1959)

Claudia Cardinale eigentlich Claude Joséphine Rose Cardinale

*** 15. April 1938 in Tunis**

8 ½ (*Achteinhalb*, 1963), *Il Gattopardo* (*Der Leopard*, 1963), *C'era una volta il West* (*Spiel mir das Lied vom Tod*, 1968)

Bud Spencer
eigentlich Carlo Pedersoli

*** 31. Oktober 1929 in Neapel**
† 27. Juni 2016 in Rom
und

Terence Hill
eigentlich Mario Girotti

*** 29. März 1939 in Venedig**
Bekannt für ihre Zusammenarbeit in italienischen Westernkomödien:
Lo chiamavano Trinità (*Die rechte und die linke Hand des Teufels*, 1970), *Continuavano a chiamarlo Trinità* (*Vier Fäuste für ein Halleluja*, 1971), *Chi trova un amico, trova un tesoro* (*Zwei Asse trumpfen auf*, 1981)

Marcello Mastroianni

*** 28. September 1924 in Fontana Liri**
† 19. Dezember 1996 in Paris
La dolce vita (*Das süße Leben*, 1960), *Ieri, oggi e domani* (*Gestern, heute und morgen*, 1963), *Matrimonio all'italiana* (*Hochzeit auf italienisch*, 1964)

Alberto Sordi

*** 15. Juni 1920 in Rom**
† 25. Februar 2003 in Rom
Sordi war einer der Hauptvertreter der Commedia all'italiana.
Lo sceicco bianco (*Die bittere Liebe*, 1952), *I vitelloni* (*Die Müßiggänger*, 1953)

Giullietta Masina
eigentlich Giulia Anna Masina

*** 22. Februar 1921 in San Giorgio di Piano**
† 23. März 1994 in Rom
Sie war mit Federico Fellini verheiratet und spielte in vielen seiner Filme:
La strada (*La Strada – Das Lied der Straße*, 1954), *Le notti di Cabiria* (*Die Nächte der Cabiria*, 1957), *Giuletta degli spiriti* (*Julia und die Geister*, 1965)

Ornella Muti
eigentlich Francesca Romana Rivelli

*** 9. März 1955 in Rom**
Il bisbetico domato (*Der gezähmte Widerspenstige*, 1980) und *Innamorato pazzo* (*Gib dem Affen Zucker*, 1981) mit Adriano Celentano

PINOCCHIO

Geschrieben von Carlo Collodi, eigentlich Lorenzini

* 24. November 1826 in Florenz
† 26. Oktober 1890 in Florenz

Pinocchio

erschien am

7. Juli 1881

erstmals im **Giornale per i bambini**. Der Erfolg stellte sich nach dem Tod des Autors ein.

Meister Kirsche findet ein sprechendes Holzscheit und schenkt es **Geppetto**, einem Holzschnitzer.

Gepetto schnitzt daraus eine Holzpuppe und nennt sie **Pinocchio** – Wortspiel aus pino (Kiefer)/pinco (Dummkopf) und occhio (Auge). Wenn Pinocchio lügt, wächst seine Nase.

Pinocchio erwacht zum Leben und erlebt viele Abenteuer, er trifft auf Bösewichte – Fuchs und Kater –, reist ins Land der Nichtstuerei, wird in einen Esel verwandelt und schließlich von einem Riesenhai verschluckt.

Pinocchios Helfer sind die sprechende Grille (in Adaptionen Jimmy Cricket) und die Fee mit den dunkelblauen Haaren (la Fata dai Capelli turchini). Sie verspricht ihm, dass er ein echter Junge wird, wenn er brav ist.

Er übersteht alles unbeschadet, kehrt nach Hause zurück – und da er von da an brav ist, verwandelt er sich schließlich in einen Jungen aus Fleisch und Blut.

Bekannteste Verfilmung von Disney 1940, Zeichentrickfilm.

TRE CORONE FIORENTINE:
DANTE ALIGHIERI

* 1265 in Florenz
† 14. September 1321 in Ravenna

Er lebte in der Zeit der Kriege zwischen Guelfen und Ghibellinen, stand als Angehöriger des Stadtadels auf der Seite der Guelfen. **Er wurde in Florenz zum Tode verurteilt und musste ins Exil.**

Sein Bild befindet sich auf der Zwei-Euro-Münze Italiens.

La Divina Commedia
1307–1320

war das erste literarische Werk, das in Italienisch und nicht in Latein geschrieben wurde – dies gilt als Begründung der italienischen Schriftsprache.

Sie schildert die Reise **Dantes durch die Hölle (*inferno*),** über die **Läuterung (*purgatorio*)** ins **Paradies (*paradiso*)**.

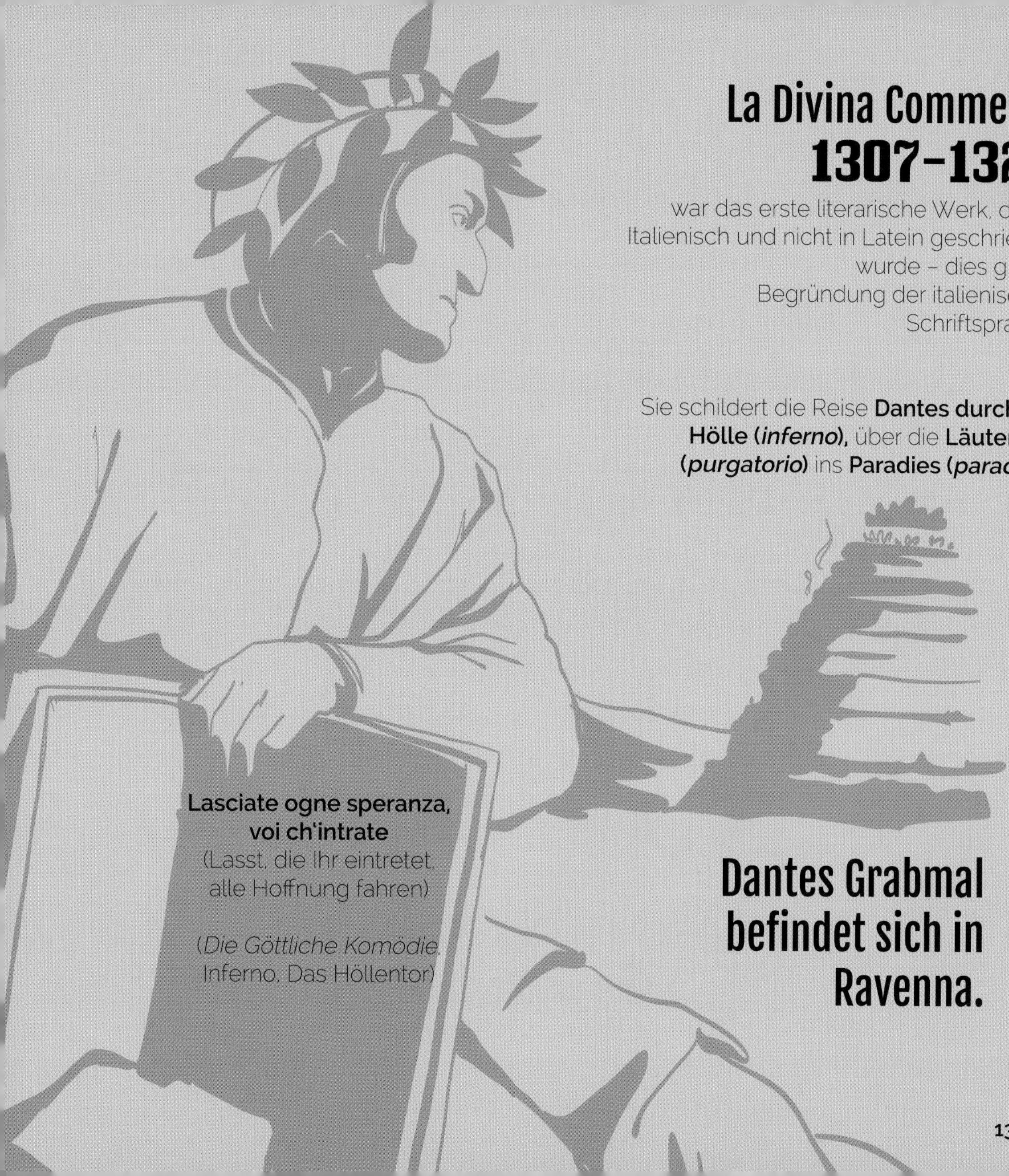

Lasciate ogne speranza, voi ch'intrate
(Lasst, die Ihr eintretet, alle Hoffnung fahren)

(*Die Göttliche Komödie*, Inferno, Das Höllentor)

Dantes Grabmal befindet sich in Ravenna.

TRE CORONE FIORENTINE:
BOCCACCIO

* 1313 Geburtsort unbekannt
† 21. Dezember 1375,
wahrscheinlich in Florenz

Er war mit Petrarca befreundet
und übersetzte die
Ilias* und die *Odyssee
aus dem Griechischen ins Lateinische.

Boccaccio war Schriftsteller, Dichter und Diplomat.
Boccaccio wurde in der Bank Companignia di Bardi
zum Kaufmann ausgebildet.

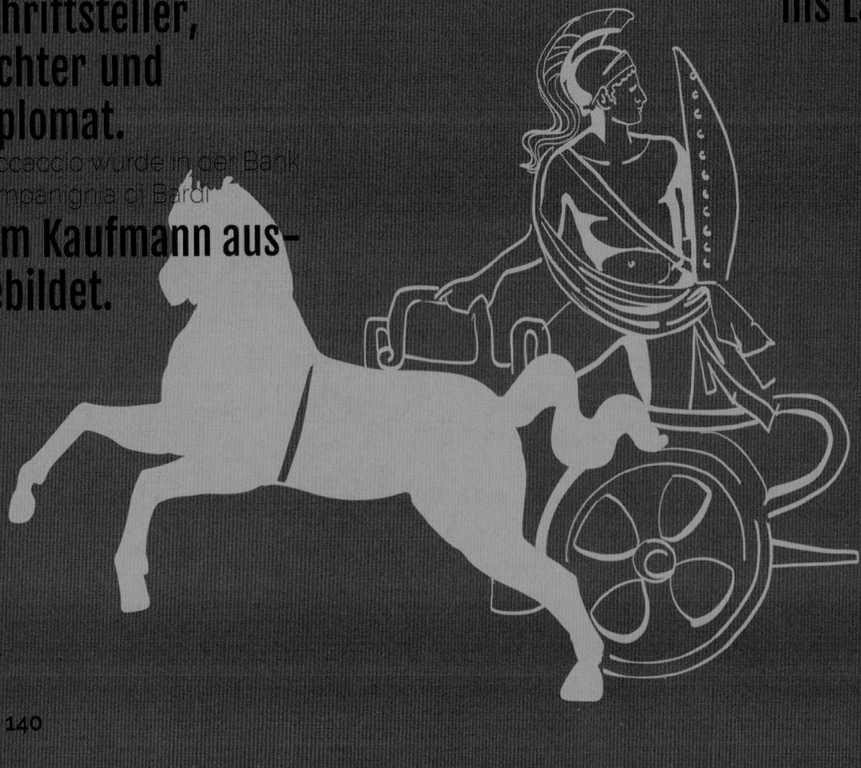

Das **Decamerone** ist eine Sammlung von **100 Novellen** und beschreibt die Gesellschaft des 14. Jahrhunderts ab.

Boccacio kommentierte **Dantes *Commedia*,** der er den Beinamen »die Göttliche« gab – ***La Divina Commedia.***

TRE CORONE FIORENTINE:

FRANCESCO PETRARCA

* 20. Juli 1304 in Arezzo
† 19. Juli 1374 in Arquà Petrarca

Er war Geschichts-
schreiber
und Dichter und
gilt als einer der eigentliche
**Begründer des
Humanismus
in der
Renaissance.**

Petrarca studierte in
Montpellier und Bologna,
da sein Vater als Papstanhänger
**aus Florenz verbannt
worden war.**

Canzoniere

ist die bedeutendste

Gedichtsammlung seit der Antike.

Sie umfasst über

300 Sonette, 9 Sestinen, 7 Balladen und 4 Madrigale.

Petrarcas Wohnhaus

steht in **Arqua Petrarca**, in den Euganeischen Hügeln, in der Nähe von Padua.

Laura

verkörperte für Petrarca

die ideale Frauenfigur.

Sie ist möglicherweise

Laura de Noves

oder Laura de Sade, einer Vorfahrin des Marquis de Sade, nachempfunden.

NICCOLÒ MACHIAVELLI

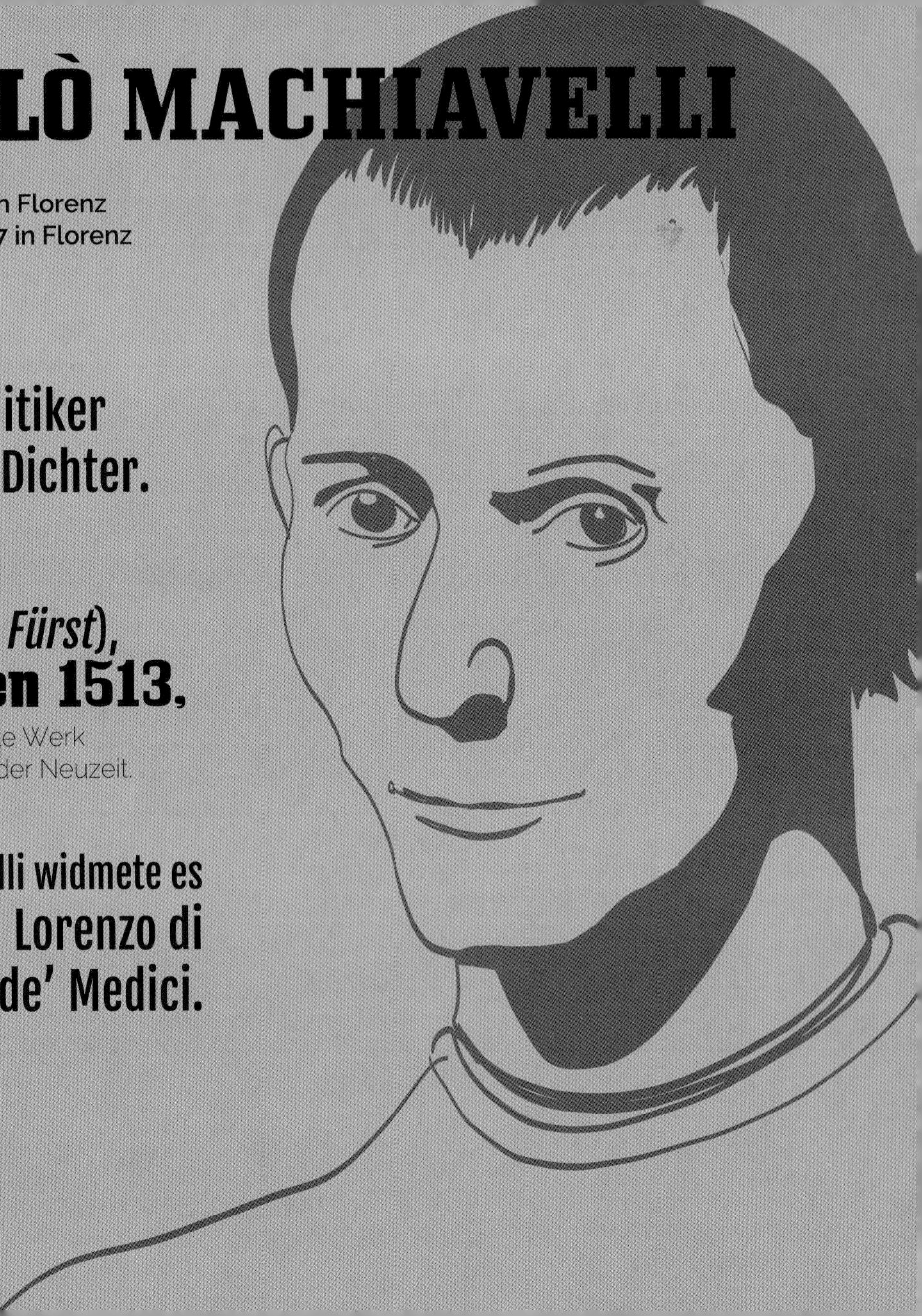

* 3. Mai 1469 in Florenz
† 21. Juni 1527 in Florenz

Er war

Philosoph, Politiker Diplomat und Dichter.

Sein Hauptwerk

***Il Principe* (*Der Fürst*),**
erschienen 1513,

es gilt als das wichtigste Werk der Staatsphilosophie der Neuzeit.

Machiavelli widmete es Lorenzo di Piero de' Medici.

Machiavelli führte eine Bürgermiliz statt eines Söldnerheeres ein.

Er arbeitete am Hof von **Cesare Borgia mit Leonardo da Vinci** in Verteidigungsfragen zusammen. So wurde erwogen, **den Arno umzuleiten,** **um Pisa vom Meer zu trennen.**

Nach der Verbrennung **Girolamo Savonarolas 1498 als Ketzer** und den weiteren Säuberungen wurde er zum **Staatssekretär des Rates der Zehn** (Dieci di pace e di libertà) berufen. Er war für die **Außenpolitik und Verteidigung von Florenz zuständig.**

ALESSANDRO MANZONI

* 7. März 1785 in Mailand
† 22. März 1873 in Mailand

Die **erste Fassung** seines bekanntesten Werkes ***I promessi sposi* (*Die Brautleute*) erschien 1823** unter dem Titel ***Fermo e Lucia.***

Manzoni lebte ab **1805 in Paris,** wo er unter Voltaire-Anhängern viele Freunde fand und durch **Claude Fauriel mit den Ideen der Romantik** vertraut wurde.

Die **zweite, völlig überarbeitete Fassung** erschien in **drei Bänden 1827.**

Die letzte Fassung, wieder neu bearbeitet, **erschien 1840–1842.**

Verdi widmete Manzoni sein *Requiem*.
Die Uraufführung fand am
1. Jahrestag von Manzonis Tod
1874 statt.

UMBERTO ECO

* 5. Januar 1932 in Alessandria
† 19. Februar 2016 in Mailand

Er promovierte über
Thomas von Aquin
in Philosophie und Literaturwissenschaft.

Eco war Professor für Semiotik in Bologna.

La Bustina di Minerva
(*Die Streichholzbriefe*), erschienen ursprünglich als wöchentliche Kolumne.

Zahlreiche seiner Werke, darunter
Il pendolo di Foucault
(*Das Foucaultsche Pendel*) beschäftigen sich mit seiner Heimat,
dem Faschismus und autobiografischen Inhalten.

1980 erschien
Il nome della rosa
(*Der Name der Rose*).
Die Verfilmung mit Sean Connery
kam 1986
in die Kinos.

Eco gründete einen eigenen Verlag,
aus Prostest gegen die Übernahme von Bompiani in Berlusconis Mediengruppe Mondadori: **La Nave de Teseo** (Schiff des Theseus). Der Verlagsname spielt auf das philosophische Paradoxon, das bereits in der Antike von Plutarch dargestellt wird, an.

AUTOREN

Giacomo Leopardi

* 29. Juni 1798 in Recanati
† 14. Juni 1837 in Neapel

Leopardi kam neben

Alessandro Manzoni

eine entscheidende Rolle bei der Erneuerung der **italienischen Literatursprache** zu. Er ist für seine

Operette morali,

in denen er seine philosophischen Ideen darlegte, bekannt.

Andrea Camilleri

* 6. September 1925 in Porto Empedocle

Drehbuchautor, Theater- und Fernsehregisseur, Schriftsteller.

Camilleri erschuf die bekannte Romanfigur des sizilianischen

Commissario Montalbano.

Er veröffentlichte bisher **23** Commissario-Montalbano-Kriminalromane.

Italo Calvino

*** 15. Oktober 1923 in Santiago de las Vegas, † 19. September 1985 in Siena**

Er veröffentlichte eine Sammlung italienischer Volksmärchen:

Fiabe italiane (1956).

Der Meta-Roman ***Se una notte d'inverno un viaggiatore*** (*Wenn ein Reisender in einer Winternacht*)

aus dem Jahr 1983 ist ein Spiel mit nahezu allen literarischen Gattungen des 20. Jahrhunderts.

Primo Levi

*** 31. Juli 1919 in Turin**
† 11. April 1987 in Turin

Levi ist bekannt für sein Werk als Zeitzeuge des Holocaust.

In *Se questo è un uomo* (*Ist das ein Mensch?*) aus dem Jahr 1947 (Neuauflage 1958) verarbeitete er seine Erfahrungen im KZ Auschwitz.

PHILOSOPHEN

Giordano Bruno
eigentlich Filippo Bruno

* Januar 1548 in Nola
† 17. Februar 1600 in Rom

Priester, Dichter, Philosoph und Astronom

Er postulierte die Unendlichkeit und die ewige Dauer des Universums und entwickelte ein pantheistisches Weltbild.

Bruno wurde von der Inquisition wegen Ketzerei und Magie auf dem Scheiterhaufen verbrannt.

Alessandro Piccolomini

* 13. Juni 1508 in Siena
† 12. März 1578 in Siena

Dichter, Philosoph und Astronom

Er fertige Übersetzungen von Werken Virgils, Ovids und Aristoteles und führte die Klassifizierung von Sternen mittels lateinischer Buchstaben ein.

Maria Montessori

* 31. August 1870 in Chiaravalle
† 6. Mai 1952 in Noordwijk aan Zee

Ärztin, Reformpädagogin und Philosophin

Sie war die Entwicklerin der Montessoripädagogik: das Bild des Kindes als »Baumeister seines Selbst«, propagierte den offenen Unterricht mit Freiarbeit und ihr Grundgedanke war:
Hilf mir, es selbst zu tun.

Tommaso d'Aquino

* um 1225 bei Aquino
† 7. März 1274 in Fossanova

Philosoph, Theologe und Kirchenlehrer

Er war einer der bedeutendsten Aristoteles-Interpreten des Mittelalters. Seine Thesen wurden von der Kirche verurteilt.
Gerüchten zufolge wurde er auf Befehl des Königs mit vergiftetem Konfekt ermordet.

GALILEO GALILEI

* 15. Februar 1564 in Pisa
† 29. Dezember 1642 in Arcetri

Mathematiker, Physiker, Astronom, Begründer der modernen Naturwissenschaften

Galileo lehrte Mathematik in **Pisa**, war Professor in **Padua** und Hofmathematiker in **Florenz**.

Er arbeitete mit der schiefen Ebene und **entdeckte** durch Versuche mit Kugeln auf der schiefen Ebene **die Beschleunigung.**

Er machte Fallversuche vom Schiefen Turm in Pisa, **um die Gravitation zu beweisen.**

Seine Entdeckung, dass die **Planeten sich um die Sonne drehen,** führte zum Kirchenbann, der erst 1992 widerrufen wurde. Seine Theorie wurde von Kopernikus 1514 bestätigt.

Galileo war einer der Ersten,
der ein Teleskop zur
**Sternenbeobachtung
verwendete.**

WISSENSCHAFTLER

Marcello Malpighi

* 10. März 1628 in Crevalcore
† 29. November 1694 in Rom

Anatomische Entdeckungen:
Malpighische Gefäße,
Malpighi-Körperchen,
Rete Malpighii.
Begründer der
Pflanzenanatomie
und der vergleichenden
Physiologie

Luigi Galvani

* 9. September 1737 in Bologna
† 4. Dezember 1798 in Bologna

Galvanische Zellen:
Er führte
Experimente mit Froschschenkeln
als Grundlage für die Entwicklung
elektrochemischer Zellen durch.

Guglielmo Marconi
* 25. April 1874 in Bologna
† 20. Juli 1937 in Rom

Radiopionier

Er gilt neben Tesla als Pionier der drahtlosen Kommunikation und des Funkverkehrs.

Alessandro Giuseppe Antonio Anastasio Graf von Volta
* 18. Februar 1745 in Como
† 5. März 1827 in Como

Erfinder der

Batterie

und Begründer der

Elektrizitätslehre

Rita Levi-Montalcini
* 22. April 1909 in Turin
† 30. Dezember 2012 in Rom

Entdeckung des

Epidermalen Wachstumsfaktors und des Nervenwachstums-faktors

LEONARDO DA PISA

auch Fibonacci

* um 1170 in Pisa
† nach 1240 in Pisa

Mathematiker

Fibonacci-Folge:
Jeweils die Summe zweier aufeinanderfolgender Zahlen **ergibt die nächste Zahl.**

Er entdeckte
die Folge
1202,
als er mit ihr das
Wachstum einer
Kaninchenpopulation
beschrieb.

Die Fibonacci-Folge
beschreibt
auch andere
Wachstums-
vorgänge,
etwa von Pflanzen
in der Natur, und findet sich als
Wachstumsprinzip auch in
Blättern, Zapfen,
Schneckenhäusern usw.

Die Folge weist bemerkenswerte
mathematische Eigenschaften auf,
unter anderem nähert sich der
Quotient zweier aufeinanderfol-
gender Zahlen immer mehr dem
Goldenen Schnitt an.

FRANZ VON ASSISI

* 1181 oder 1182 in Assisi
† 3. Oktober 1226 in der Portiuncula-Kapelle

Sein Vater gab ihm
nach seiner Rückkehr von
einer Frankreichreise
den Namen
Francesco – »kleiner Franzose«.

Giotto malte
1295
Franz und
seine zwölf Gefährten, die
1209
Papst Innozenz III.,
um die Bestätigung
des Ordens bitten

Assisi gründete den
**Franziskanerorden,
ein Bettelorden,
der sich der Armut
verpflichtete.**

Il Cantico di Frate Sole

(Sonnengesang)

In diesem Werk preist Franz die Schönheit der Schöpfung. Franz von Assisi ließ dieses Gebet von zwei Ordensbrüdern in seiner Todesstunde singen.

Es entstand wahrscheinlich

1224/1225.

Es ist in **volgare umbro**, einem umbrischen Dialekt, geschrieben.

Der Hymnus gilt als ältestes italienisches Literaturzeugnis.

SPIELORTE VON SHAKESPEARE-STÜCKEN

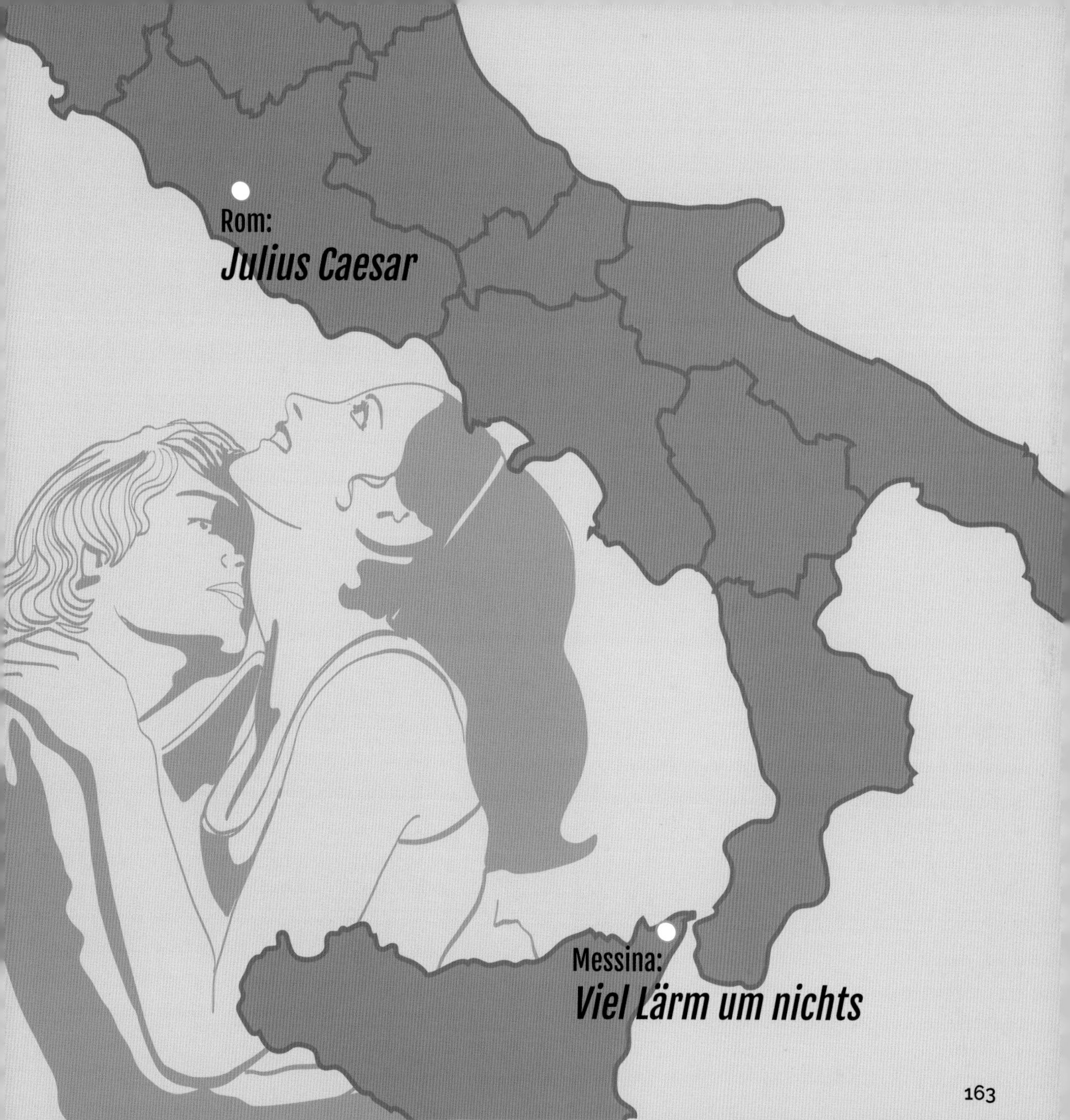
Rom:
Julius Caesar
Messina:
Viel Lärm um nichts

COMMEDIA DELL'ARTE

Das traditionelle Theater
in Italien hatte
im 16. bis 18. Jahrhundert
seinen Ursprung im
Zusammenschluss von
Jahrmarktskünstlern.

Giorgio Strehler

* 14. August 1921 in Triest
† 25. Dezember 1997 in Lugano
Theaterregisseur
Er beschäftigte sich
in seinen Inszenierungen
beispielhaft mit der
Commedia dell'Arte.

Er leitete das Piccolo Teatro di Milano.

Figuren und Masken

Zanni, kurz für Giovanni, die Diener, stellten die untere Schicht der Bevölkerung dar.

Arlecchino
1 – die berühmteste Figur der Commedia dell'Arte, fröhlich, ironisch, darf sich alles herausnehmen

Brighella
2 - stammt ursprünglich aus Bergamo, hinterhältig, verschlagen

Pagliaccio
3 – redet viel, ist aber feige, wird oft mit Prügeln bestraft

Columbina – ist klug und verführerisch, kann sich ihrer Haut wehren

Vecchi – stellen die reiche Oberschicht dar

Pantalone
4 – wohlhabender Kaufmann, alt, kränklich und geizig

Dottore
5 – Gelehrter/Jurist aus Bologna, Blender, setzt sein Wissen oft falsch ein

Die **Liebenden** treten immer ohne Maske auf.

6 Il Capitano
Der Soldat, er hat Angst vor dem Krieg.

Scaramuccia
Aufschneider und Angeber

THEATERAUTOREN

Dario Fo

* 24. März 1926 in Sangiano
† 13. Oktober 2016 in Mailand

Theaterautor, Satiriker

Fo erhielt

1997 den Nobelpreis für Literatur. Er war mit **Franka Rame** verheiratet, einer ebenfalls politisch stark engagierten Schauspielerin.

Dario Fo war bekannt für seine Neuinterpretation der Commedia dell' Arte und für seine satirischen, gesellschaftskritischen Werke. Fo wurde mehrmals direkt nach der Vorstellung verhaftet.

Unsichtbares Theater: Schauspieler agieren in Alltagssituationen – auf der Straße, in der U-Bahn usw.
Zufälliger Tod eines Anarchisten, 1970
Bezahlt wird nicht, 1974
Der Teufel mit den Titten, 1997

Carlo Goldoni

* 25. Februar 1707 in Venedig
† 6. Februar 1793 in Paris

Komödiendichter und Librettist

Er reformierte das italienische Theater, sein großes Vorbild war Molière.

Casa Goldoni: Sein Wohnhaus in Venedig ist in ein Museum umgewandelt worden.

Il bugiardo (*Der Lügner*, 1750),
Le baruffe chiozzotte (*Viel Lärm in Chiozza*, 1761),
l mondo della luna, 1750, von Baldassare Galuppi und 1777 von Joseph Haydn vertont

Luigi Pirandello

* 28. Juni 1867 in Girgenti
† 10. Dezember 1936 in Rom

Dramatiker und Erzähler

Er erhielt 1934 den Nobelpreis für Literatur.

Pirandello eröffnete in Rom sein eigenes Theater, das

Teatro d'Arte.

Sei personaggi in cerca d'autore (*Sechs Personen suchen einen Autor*, 1921) .
I giganti della Montagna (*Die Riesen vom Berge*, 1937)
Uno, nessuno e centomila (*Einer, Keiner, Hunderttausend*, 1926)

KAFFEE

Caffè espresso

oder nur *caffè* (Espresso),

besonders wichtig ist die *crema* (Schaum).

Ristretto

kurzer, besonders starker Espresso

Lungo

Espresso mit Wasser verlängert

Marocchino

Espresso mit Milchschaum

Caffè macchiato

Espresso mit Milch (*macchia* heißt Fleck)

Cappuccino

Espresso mit Milch und Milchschaum

Caffè Corretto

Espresso mit Schuss (Anis, Sambuca, Amaretto oder Grappa)

Caffettiera

Die Caffettiera wurde vom italienischen Erfinder

Alfonso Bialetti

(1888–1970)

1945

erstmals gefertigt.

Bialetti ist einer der bekanntesten Hersteller, das Design ist bis heute nahezu unverändert.

90%

der italienischen Haushalte besitzen eine Bialetti-Caffetteria.

Echter Espresso entsteht erst bei einem Brühdruck von 9,0 bar – dazu braucht man eine Espressomaschine (meist Siebträgermaschine).

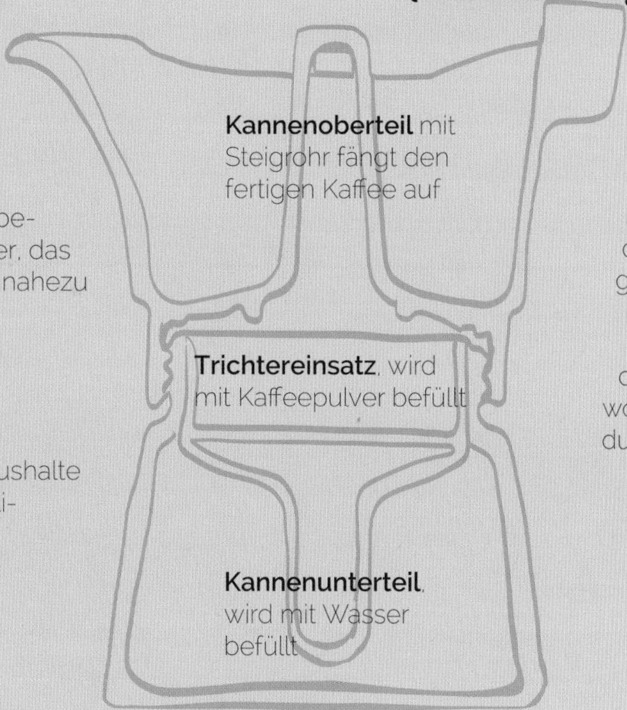

Die Caffettiera wird direkt auf den Herd gestellt, das Wasser verdampft, es entsteht ein Überdruck (etwa 1,5 bar), wodurch das Wasser durch das Kaffeepulver nach oben gedrückt wird.

Espressomaschinen

Gaggia: Das Patent wurde 1938 von Achille Gaggia angemeldet.

Saeco: 1981 gegründet, entwickelte den ersten Kaffeevollautomaten.

De Longhi: 1902 gegründet, vor allem für seine Kaffeemaschinen bekannt.

PIZZA

erfunden in Neapel

Die Pizza ist seit dem
18. Jahrhundert
bekannt, ähnlich einem
Flammkuchen mit Olivenöl
und Tomaten.

Die Legende sagt:
Die erste Pizza
soll um 1890 in Neapel
von Raffaele Esposito
in der Pizzeria **Brandi** hergestellt
worden sein – für König
Umberto I.
Daher verwendete er die
Nationalfarben Rot (Tomaten) Weiß
(Mozzarella) und Grün (Basilikum).

Die originale Pizza wird
nur in Holzöfen gebacken.
Backtemperatur 485 °C
Garzeit 60–90 Sekunden

Pizza Napoletana
Eingetragenes Warenzeichen,
zum Schutz der originalen Pizza gegen Fertigprodukte.

Calzone
zusammengeklappte **Pizza**

Tiefkühlpizzen
gehören zu den
meistverkauften
Fertiggerichten.

PASTA

Pasta secca (getrocknete Nudeln)
Pasta fresca (frische Nudeln)

Anelletti: runde Nudeln

Cannelloni: dicke Röhrennudeln, zum Füllen

Capellini: die dünnsten Spaghetti

Farfalle: kurze, breite Nudeln mit gezacktem Rand, die in der Mitte zusammengedrückt

Bucatini: besonders dicke Spaghetti

Fettuccine: breite Bandnudeln.

Fusilli: spiral-förmige Nudeln.

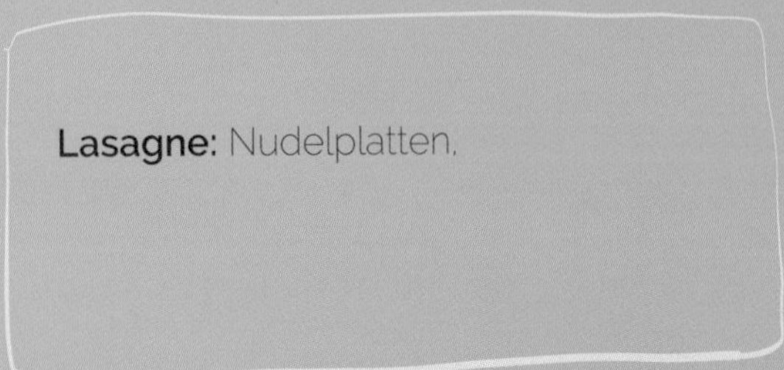

Lasagne: Nudelplatten.

Linguine: schmale Bandnudeln

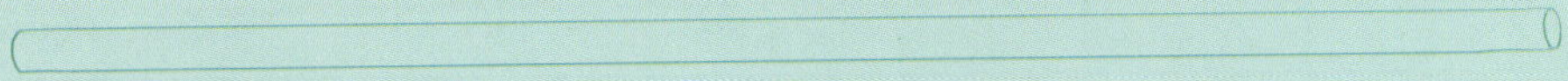

Maccheroni: lange, dicke Röhrennudeln, die innen hohl sind

Orecchiette: kleine, halbrunde Nudeln

Paccheri: kurze Röhrennudeln mit breitem Durchmesser. Ähnlich den Cannelloni, nur kürzer und kleiner

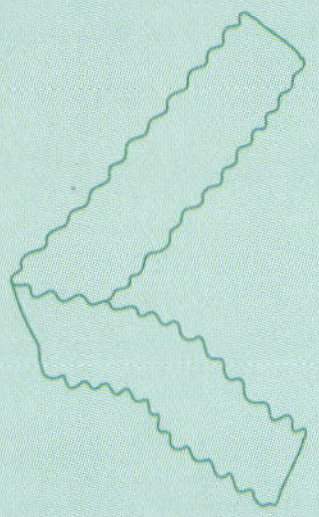

Pappardelle: breite Bandnudeln mit welligem Rand

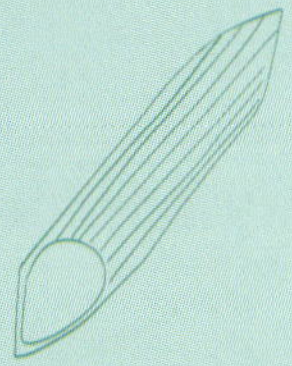

Penne: kurze Röhrennudeln, schräg geschnitten und innen hohl

Ravioli: vierecki-ge oder halbrun-de, gefüllte Teigtaschen

Rigatoni: kurze, dicke Röhrennudeln mit geriffelter Oberfläche.

Risoni: reiskorn-förmige Nudelart, wird als Suppeneinlage verwendet.

Spaghetti: lange, dünne Rundnudeln.

Spaghettini: etwas dünner als Spaghetti.

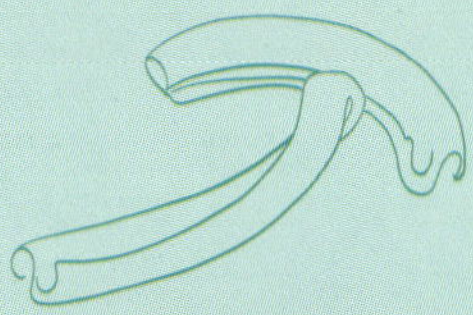

Strozzapreti (Pfaffenwürger): unregelmäßige, gedrehte kurze Nudeln

Tagliatelle: schmale Bandnudeln

Tortellini: runde gefüllte Nudeltaschen

Tortelloni: etwas größere Tortellini.

GELATO

Die Tradition der Eisherstellung gibt es seit der Römerzeit.

Speiseeis wurde aus Eis von den Apenninen gemacht.

Die Eisherstellung kam mit Marco Polo aus China wieder nach Italien.

Filippo Baldini
schrieb 1775
in Neapel das erste italienische Buch über Eiszubereitung:
De Sorbetti.

Beliebte Sorten

Vanille

Schokolade

Erdbeere

Zitrone

Stracciatella

mit kleinen Schokoladenstücken)

Amarena

mit Kirschen

Fior di Latte

mit Milch

Tartuffo

Vanilleeis, mit Bitterschokoladeneis gefüllt und mit Bitterschokoladensoße überzogen

Granita

Speiseeis aus Wasser und Fruchtsaft

Cassata

Vanille-, Himbeer- und Schokoladeneis, mit kandierten Früchten

PASTICCERIA

Cannoli
Teigröllchen, die mit diversen Cremes gefüllt werden

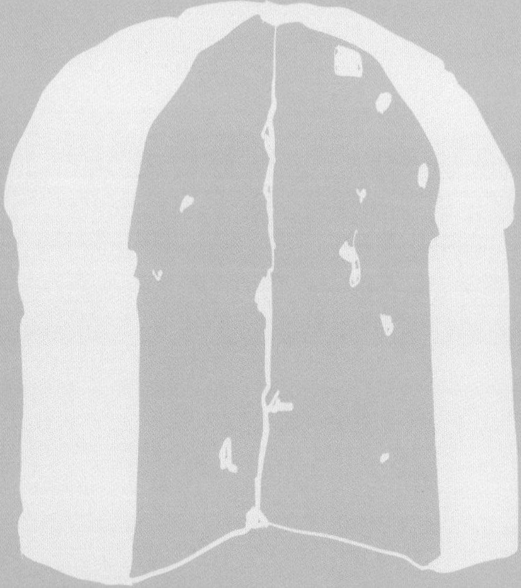

Panettone
Eigentlich ein traditioneller Mailänder Weihnachtskuchen, heute in ganz Italien erhältlich. Der Name geht der **Legende** nach auf ein Fest bei den Sforzs im 15. Jahrhundert zurück – der Kuchen verbrannte, der Kuchenjunge Toni bot den Gästen der Dienerschaft an: **Pane di Toni – Panettone.**

Colomba di Pasqua
Ähnlich dem Panettone, nur in Form einer stilisierten Taube, typisches Gepäck für das Osterfest

Cantucci

Trockenes Gebäck, gut haltbar, meist mit Haselnüssen oder Mandeln

Cornetto

Beliebtes Frühstücksgebäck in Italien, gefüllt (Marmelade, Crema oder Schokolade) oder ungefüllt

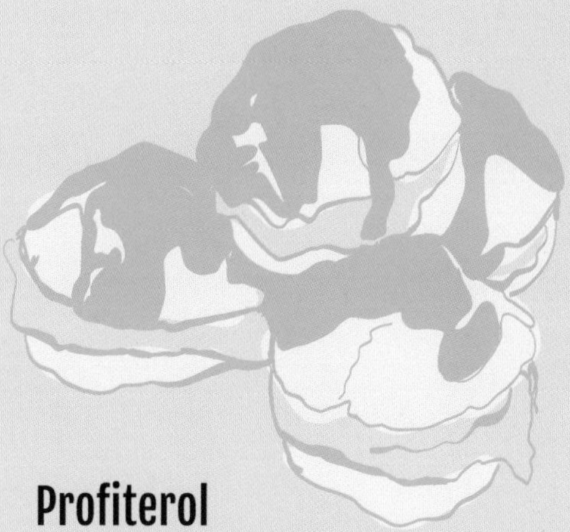

Profiterol

Brandteigkugeln, mit Vanillecreme gefüllt und mit Schokolade überzogen

Essi und Bussolai

Sie sind ein typisches Gebäck aus dem Karneval in Venedig und Burano. Das trockene Gebäck wird oft mit Vin Santo (süßer Dessertwein) verzehrt.

BACI PERUGINA®

Weltweit werden mehr als 300 Millionen Baci (Küsse) jährlich verkauft.

Schokoladenpralinen
aus dunkler Schokolade,
einer Haselnuss-Cremefüllung und
einer ganzen Haselnuss,
umwickelt mit kleinen Liebesbotschaften in mehreren Sprachen.

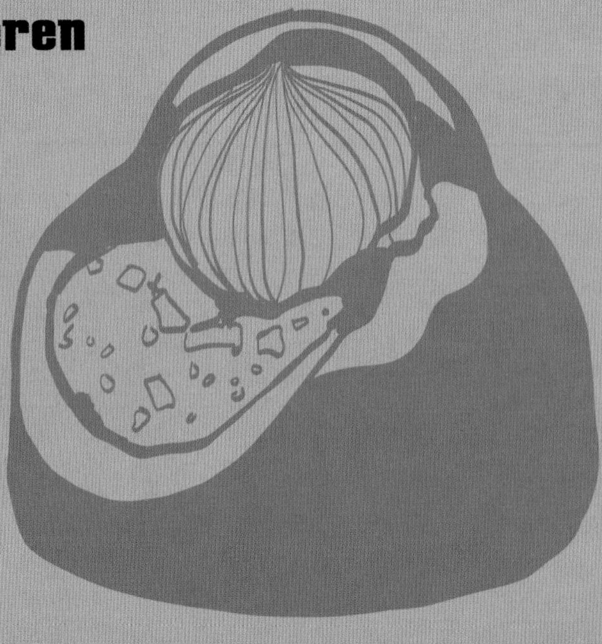

Die italienische Art,
Ich liebe dich
zu sagen.

»A Giulia, perché ormai non mi scappi piu.«

(Für Julia, ich lass dich nie mehr gehen.)

»A te mamma che rendi ogni giono speciale.«

(Für dich, Mama, weil du jeden Tag zu einem besonderen machst)

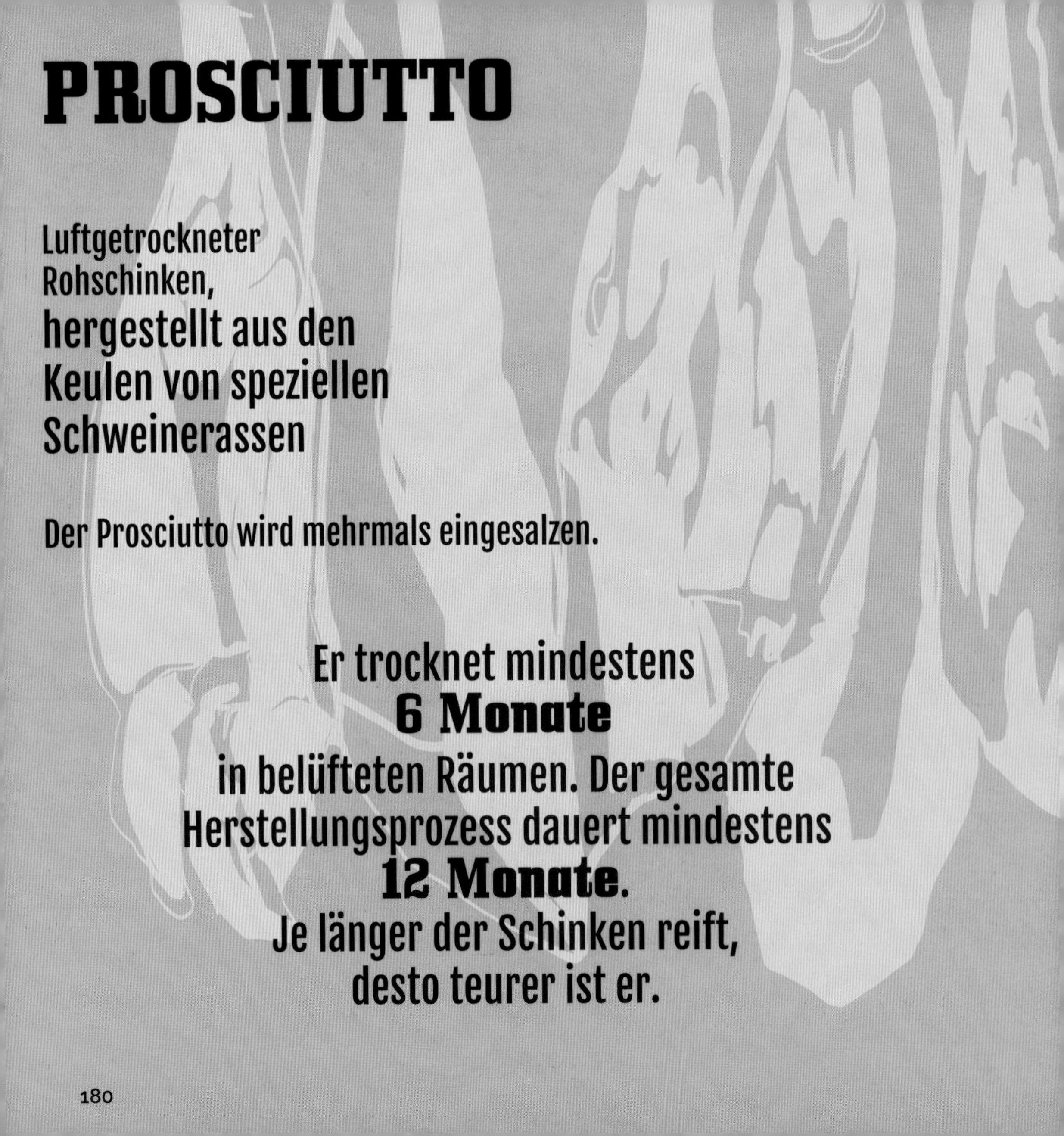

PROSCIUTTO

Luftgetrockneter Rohschinken, hergestellt aus den Keulen von speziellen Schweinerassen

Der Prosciutto wird mehrmals eingesalzen.

Er trocknet mindestens **6 Monate** in belüfteten Räumen. Der gesamte Herstellungsprozess dauert mindestens **12 Monate**. Je länger der Schinken reift, desto teurer ist er.

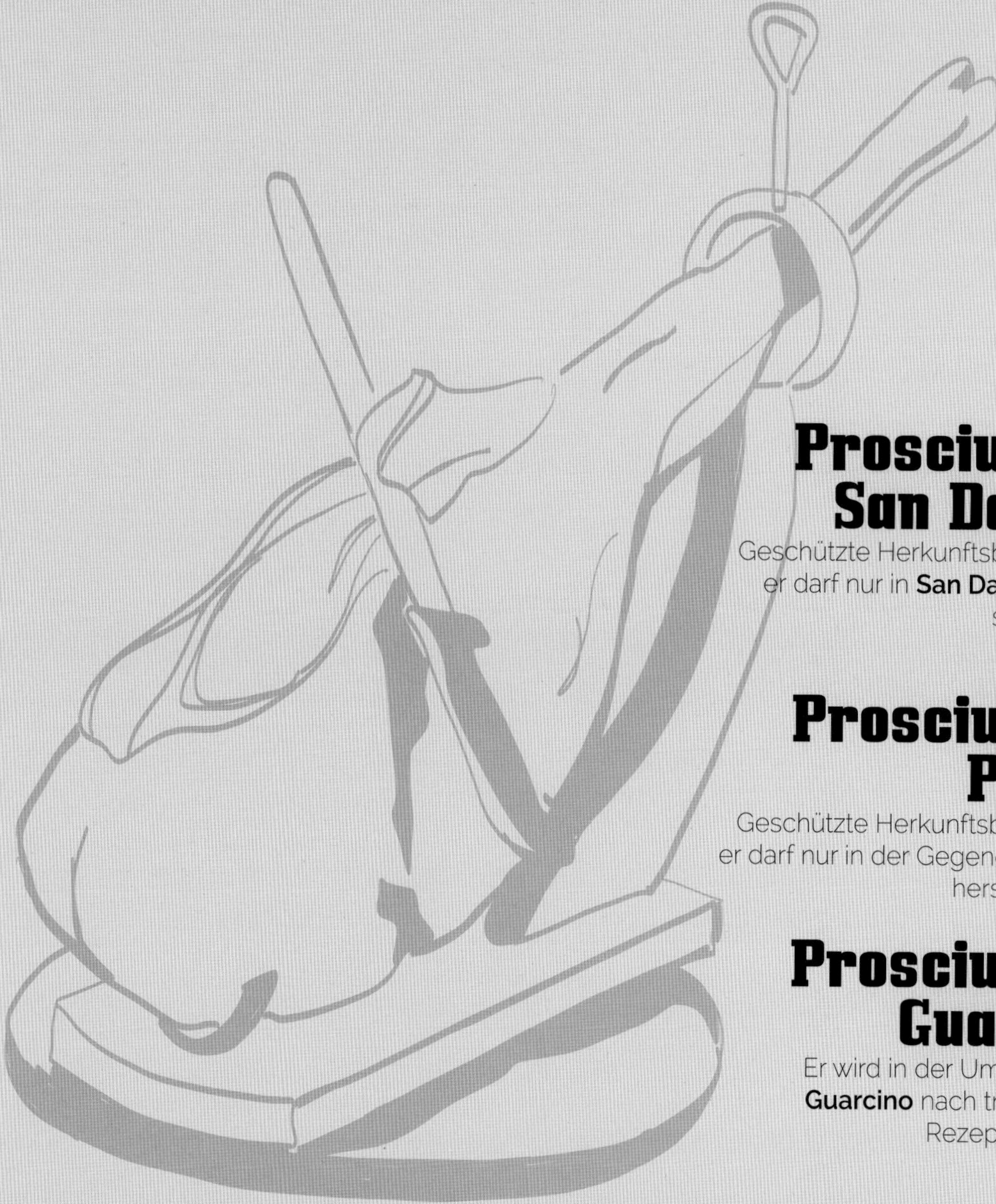

Prosciutto di San Daniele

Geschützte Herkunftsbezeichnung, er darf nur in **San Daniele** hergestellt werden.

Prosciutto di Parma

Geschützte Herkunftsbezeichnung, er darf nur in der Gegend von **Parma** herstellt werden.

Prosciutto di Guarcino

Er wird in der Umgebung von **Guarcino** nach traditionellem Rezept hergestellt.

OLIVENÖL

wird aus dem Fruchtfleisch von Oliven gewonnen.
Olivenöl ist seit dem **6. Jahrtausend v. Chr.** bekannt.

Kaltgepresste Öle:

Die Temperatur darf beim Pressen nicht höher als 27 °C sein.

Olio d'oliva extra vergine:

Höchste Güteklasse, Oliven werden immer nur einmal gepresst und kaltgepresst.

Olio d'oliva vergine:

Mit mechanischen Verfahren gewonnen, kann mehrfach gepresst sein.

Olio d'oliva:

Wie Olio vergine hergestellt, wird aber zur geschmacklichen Verbesserung **mit raffiniertem Olivenöl gemischt.**

Für **qualitativ hochwertige Öle** werden die Oliven manuell gepflückt.

Die **Farbtöne** können von **grünlich mit einem Braunstich** bis **hellgelb** variieren und sind kein Qualitätsmerkmal.

Ungefilterte Öle können auch trübe sein.

KÄSE

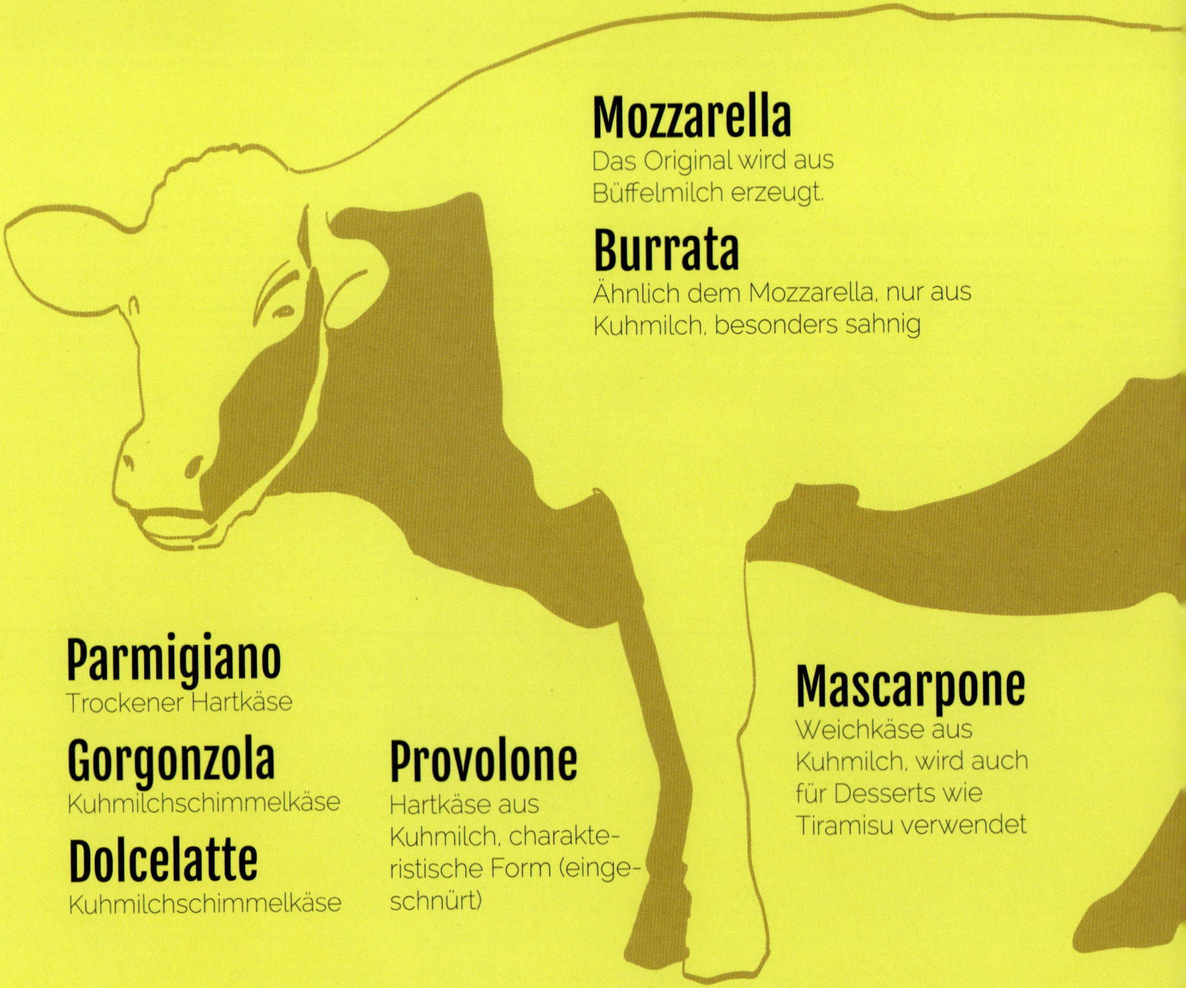

Mozzarella
Das Original wird aus Büffelmilch erzeugt.

Burrata
Ähnlich dem Mozzarella, nur aus Kuhmilch, besonders sahnig

Parmigiano
Trockener Hartkäse

Gorgonzola
Kuhmilchschimmelkäse

Dolcelatte
Kuhmilchschimmelkäse

Provolone
Hartkäse aus Kuhmilch, charakteristische Form (eingeschnürt)

Mascarpone
Weichkäse aus Kuhmilch, wird auch für Desserts wie Tiramisu verwendet

Scamorza
Birnenförmiger Kuhmilchkäse

Fontina
Rohmilchkäse aus Kuhmilch

Taleggio
Kuhmilchweichkäse, gehört zu den ältesten bekannten Weichkäsesorten

Pecorino
Schafkäse

Ricotta
Frischkäse aus Kuh- oder Schafmilch

WEIN

Italien zählt zu den
wichtigsten europäischen Weinproduzenten.
Jährlich werden insgesamt etwa
54 000 000 Hektoliter Wein erzeugt (ein Drittel der globalen Produktion).

In Übereinstimmung mit den italienischen Regionen gibt es
20 Weinregionen.

Insgesamt sind etwa
1000 Rebsorten registriert.

Die wichtigsten Sorten sind
Barbera
Malvasia
Montepulciano
Nebbiolo
Angiovese
Trebbiano

Die bekannteste Weine

Prosecco – ist eine geschützte Herkunftsbezeichnung für **Spumante** (Schaumweine) und **Frizzante** (Perlweine) und **Stillweine** aus Venetien und dem Friaul.

Soave – trockener Weißwein Venetien

Malvasia – schon bei den Griechen und Römern bekannt

Pinot Grigio – vor allem im nördlichen Italien zu finden

Amarone, Barolo und **Brunello** gelten als die drei großen Rotweine Italiens.

Barbera und Barbera d'Asti – aus dem Piemont

Chianti – Rotwein aus der Toskana, wird traditionell in strohumflochtenen Flaschen verkauft.

Dolcetto – wächst auf der Schattenseite der Nebbiolo-Hügel.

Weinsprache

amabile - lieblich

aspro - herb

bianco - Weißwein

DOC - »kontrollierte Ursprungsbezeichnung«

dolce - süß

riserva - länger gelagerter Wein

rosso - Rotwein

rosato - Roséwein

secco - trocken

tappo - Korken

vino tipico - Landwein

vino novello - neuer Wein

vino di qualita - Qualitätswein

vino da pasto - Tafelwein

vino da tavola - Tischwein

vino sfuso - offener Wein

vin santo - »heiliger Wein«, Dessertwein

GRAPPA

Tresterbrand

Grappa darf nur so bezeichnet werden, wenn er in **Italien, San Marino** oder der **italienischen Schweiz** gebrannt wurde.

Grappa wird aus den **vergorenen Pressrückständen** der Weinherstellung, dem **Trester destilliert.**

Für die Verkostung von Grappa verwendet man spezielle Gläser, sogenannte ***Tulipe*** **(Tulpen).**

Caffè corretto

Espresso mit einem Schuss Grappa

Mindestalkoholgehalt:
37,5%

Es gibt Sorten mit bist zu bis
60%
Alkoholgehalt.

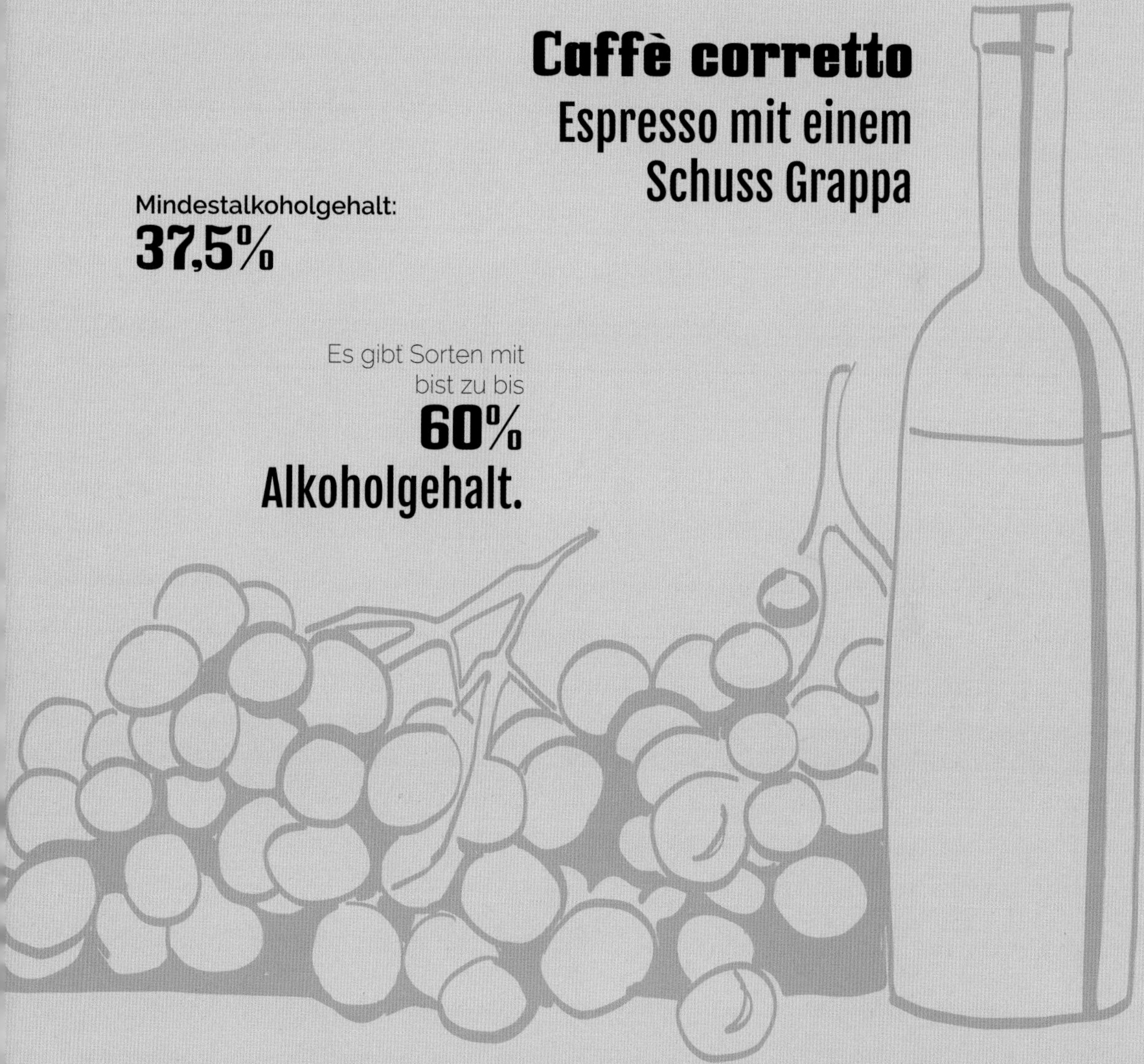

REIS

Sorten:
Arborio
Vialone
Maratelli
Carnaroli

Reis ist seit der Renaissance in Italien bekannt.

Er wird hauptsächlich in der Pianura Padana (Poebene) angebaut.

Risotto wird oft als *Primo* (erster Gang) gegessen.

Risotto nero:

wird mit der Tinte von Tintenfischen eingefärbt.

Arancini:

gefüllte, frittierte Reisbällchen, eine sizilianische Spezialität

Risotto Milanese:

In Mailand wurde der Risotto mit Safran eingefärbt, dies sollte Reichtum demonstrieren.

Risi e Bisi:

Reis mit Erbsen, wurde dem Dogen am Namenstag des Heiligen Markus als erster Gang serviert.

ITALIENISCHE GERICHTE

Pasta al ragù (Bolognese)
Vitello Tonnato (dünn aufgeschnittenes Kalbfleisch mit Thunfischsauce)
Minestrone (Gemüsesuppe)
Caprese (Mozzarella mit Tomaten, Basilikum und Olivenöl)
Carpaccio (hauchdünn geschnittene, rohe Rindfleisch-Scheiben)
Pesto alla genovese (Basilikumpesto)
Risotto
Frittura mista (gemischtes Frittiertes)
Pizza
Costoletta alla milanese (paniertes Kalbskotelett)
Saltimbocca alla romana (gebratene Kalbsschnitzel mit Schinken und Salbei)
Foccaccia (Fladenbrot)
Bruschetta (frisch geröstetes Brot mit verschiedenem Belag)
Polenta
Crostata (Mürbeteigkuchen)
Panna cotta (gekochte Sahne)
Tiramisu
Cassata (Schichttorte)

FUSSBALL

Beliebteste Ballsportart Italiens

Die italienische
Nationalmannschaft
ist eine der erfolgreichsten Mannschaften der Welt: Sie ist
vierfacher Weltmeister.

Bekannteste Mannschaften:
Juventus Turin
(kurz Juve)
A.C. Milan
Inter Milan
AS Roma
SS Lazio
Torino

Höchste Spielklasse: Serie A

Coppa Italia – der italienische Pokal:

Die besten drei Mannschaften bisher:

Juventus: 12 Siege

AS Roma: 9 Siege

Inter Milan: 7 Siege

Stand: 2017

Die bekanntesten Spieler:

Dino Zoff (Torwart)
Gianluigi Buffon (Torwart)
Andrea Pirlo (Mittelfeld)
Francesco Totti (Mittelfeld)
Silvio Piola (Sturm)
Luca Toni (Sturm)

Die italienischen Fans heißen *tifosi* –

Typhuskranke, da das
Fußball-Fanfieber wie eine Krankheit ist.

FORMEL 1

Ferrari

das bekannteste und
erfolgreichste Team aller Zeiten.

Formel-1-Weltmeister
Guiseppe Farina
1950
Alberto Ascari
1952, 1953

Der große Preis von Italien
wird **seit 1950** jedes Jahr ausgetragen und findet auf dem Autodromo Nazionale in Monza statt.

MOTORRAD-RENNSPORT

Bekannteste Rennstrecken
(Motorrad und Formel 1):

Autodromo Nazionale Monza

ist wegen der langen Geraden als Hochgeschwindigkeitsstrecke bekannt – bis heute ungebrochener Geschwindigkeitsrekord von **Kimi Raikkönen:**

370,1 km/h.

Autodromo Enzo e Dino Ferrari in Imola

Hier wird gegen den Uhrzeigersinn gefahren.

Giacomo Agostini

ist der erfolgreichste Fahrer in der Geschichte der

Motorrad-Weltmeisterschaft.

Valentino Rossi

ist der heutige Publikumsliebling.

Motorradhersteller:

Moto Guzzi

Gilera

Ducati

Aprilia

RADSPORT

Radfahren ist eine beliebte Sportart in Italien,
nicht nur für Profis.
Dennoch verfügen italienische Städte **kaum über Radwege.**

Die Fahrrad-freundlichste Stadt in Italien ist Ferrara.

Der Giro d'Italia

wird seit

1909 für Männer und seit 1988 für Frauen ausgetragen.

21 Etappen, 198 Rennfahrer

Der Giro ist das **zweitwichtigste Radsport-Etappenrennen** der Welt nach der Tour de France.

Mit 42 Siegen hält **Mario Cipollini** die meisten Etappensiege.

Rekord von jeweils fünf Gesamtsiegen:

Alfredo Bionda
Fausto Coppi
Eddy Merckx

Der führende der Gesamtwertung erhält das **Maglia rosa (Rosa Trikot).**

Der führende der Punktewertung erhält das **Maglia rossa (Rotes Trikot).**

Der führende der Bergwertung erhält das **Maglia azzurra (Blaues Trikot).**

Der beste Nachwuchsfahrer unter 25 erhält das **Maglia bianca (Weißes Trikot).**

RUGBY

Azzurri

Erste

Italienische Rugby-Nationalmannschaft,

gegründet **1929.**

Sie war

1992 und 1996

Europameister.

Die bekannten Spieler:

Mauro Bergamasco
Mirco Bergamasco
David Bortolussi
Sergio Parisse
Martin Castrogiovanni

Spielort:

Stadion Flaminio in Rom

VESPA

Wespe,
auch *mosche* (Fliegen)
genannt

Motorroller des italienischen Unternehmens
Piaggio

Erste Vespa:
Vespa 98
1946

Ihr Erfinder
Corradino D'Ascanio
verlieh ihr den Spitznamen
Paperino
(**Entchen**).

Als Renaldo Piaggio

die erste Vespa sah,

soll er gerufen haben

sembra una vespa!

(Wie eine Wespe!) – daher der Spitzname.

Die Vespa

hat heute **Kultstatus.**

Audrey Hepburn und Gregory Peck

entdecken in ***Roman Holiday***
(*Ein Herz und eine Krone*)

Rom auf einer Vespa.

Das war der Beginn des weltweiten Erfolgs der Vespa.

Seit 1946 wurden weltweit mehr als 18 Millionen Vespas verkauft.

APE

Biene

Dreirädriger Kleintransporter

Die Ape ist das kleinste motorisierte Nutzfahrzeug der Welt. Sie darf mit einem Mopedführerschein gefahren werden.

Die Ape ist eine Verwandte der

Vespa von Piaggio.

Sie heißt auch Vespacar.

Die Ape wird
seit
1947
von Piaggio
hergestellt.

Seit 2007
werden einige Modelle
auch in Indien
gefertigt –
hier sind sie
besonders beliebt.

BANKEN UND VERSICHERUNGEN

Assicurazioni Generali:

ist die größte Versicherungsgesellschaft der Welt.

Marktwert: 33,4 Mrd. US-Dollar

UniCredit Group:

Bank

Marktwert: 47,3 Mrd. US-Dollar

Intesa Sanpaolo:

Bank

Marktwert: 41,2 Mrd. US-Dollar

RAZIONI GENERALI

AUTOMOBILBRANCHE

Fabbrica Italiana Automobili Torino – Fiat

(Italienische Automobilfabrik Turin)

Marken, die zu Fiat gehören:

Alfa Romeo, Lancia, Maserati, Dodge, Jeep

Marktwert von Fiat:

10,9 Mrd. US-Dollar

Pirelli

Reifenhersteller

Pirelli-Kalender:

jährlich herausgegebener Kalender in limitierter Auflage mit Kultstatus

Marktwert von Pirelli:

4,1 Mrd. US-Dollar

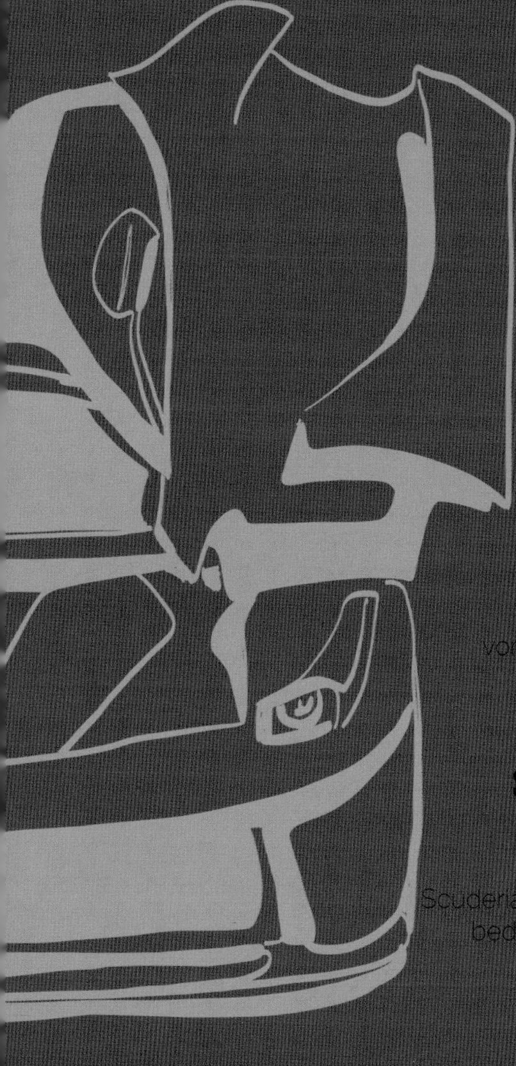

Alfa Romeo

Sitz in Turin

gegründet **1910**

eigene Form des Kühlergrills:

Scudetto (Schildchen),

traditionelle Farbe:

Rot

Alfa Romeo benannte ein Sondermodell des Alfasud nach dem Modeschöpfer Valentino

Ferrari

Sitz in Maranello

gegründet **1947**

vom ehemaligen Rennfahrer

Enzo Ferrari

Emblem der Marke:

schwarzes Pferd auf gelbem Grund

mit den Buchstaben S.F. Scuderia Ferrari (Rennstall Ferrari) bedeutendster Hersteller von Formel-1-Fahrzeugen

Maserati

Sitz in Modena

1914 in Bologna gegründet

Markenzeichen:

Dreizack

Lamborghini

Sitz in Sant'Agata Bolognese

gegründet **1948**

Logo: Kampfstier auf schwarzem Grund

zwischen

1987 und 1993

in der Formel 1 tätig und größter Konkurrent von Ferrari

TOURISMUS

bedeutender Wirtschaftszweig,

beträgt **9,4%** des BIP,

beschäftigt **10,9%** der Berufstätigen (ca. 2,5 Millionen).

etwa 50–60 Millionen

Touristen pro Jahr

20,6% ca. 10 400 000 Personen aus Deutschland

9% ca. 4 500 000 Personen aus den USA

7,7% ca. 3 800 000 Personen aus Frankreich

Mehr als

33 000 Hotels

11 700 Agriturismi

und zahllose Campingplätze

etwa 4 350 000 Betten

Es gibt

zwei Hotels mit sieben Sternen:

Town House Galleria (Mailand)
Aman Canal Grande (Venedig)
und

232 Luxushotels

mit fünf Sternen.

Die beliebtesten Reiseziele sind:

Florenz, Mailand, Pisa, Rimini, Rom, Venedig, Verona, Neapel

Register

d

e

N

O

s

t

IMPRESSUM

Verantwortlich: Ulrich Jahn
Konzept und Text: Gabriela Scolik
Gestaltung und Illustration:
Karin Dreher
Lektorat: Bettina Dietrich,
Kathrin Raminger
Umschlaggestaltung: Ralph Hellberg
Gesamtherstellung Print Company
Verlagsges.m.b.H., Wien

★★★★★

Sind Sie mit diesem Titel zufrieden? Dann würden wir uns über Ihre Weiterempfehlung freuen. Erzählen Sie es im Freundeskreis, berichten Sie Ihrem Buchhändler, oder bewerten Sie bei Onlinekauf. Und wenn Sie Kritik, Korrekturen, Aktualisierungen haben, freuen wir uns über Ihre Nachricht an NG Buchverlag, Postfach 40 02 09, D-80702 München oder per E-Mail an lektorat@verlagshaus.de

Unser komplettes Buchprogramm finden Sie unter: www.bruckmann.de

Die Deutsche Nationalbibliothek verzeichnet diese Publikation in der Deutschen Nationalbibliografie; detaillierte bibliografische Daten sind im Internet über http://dnb.d-nb.de abrufbar.

ISBN 978-3-7343-1161-1

Printed in China